江苏省社会科学基金后期资助项目（项目号：19HQ027）成果

DBB模式下
大型建设项目业主方界面管理研究

刘　博／著

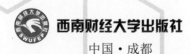

西南财经大学出版社

中国·成都

图书在版编目(CIP)数据

DBB 模式下大型建设项目业主方界面管理研究/刘博著.—成都:西南
财经大学出版社,2023.11
ISBN 978-7-5504-5970-0

Ⅰ.①D… Ⅱ.①刘… Ⅲ.①大型建设项目—人机界面—研究
Ⅳ.①F284②TP311.1

中国国家版本馆 CIP 数据核字(2023)第 210041 号

DBB 模式下大型建设项目业主方界面管理研究

DBB MOSHI XIA DAXING JIANSHE XIANGMU YEZHUFANG JIEMIAN GUANLI YANJIU

刘博 著

责任编辑:李思嘉
责任校对:李琼
封面设计:墨创文化
责任印制:朱曼丽

出版发行	西南财经大学出版社(四川省成都市光华村街 55 号)
网　　址	http://cbs.swufe.edu.cn
电子邮件	bookcj@swufe.edu.cn
邮政编码	610074
电　　话	028-87353785
照　　排	四川胜翔数码印务设计有限公司
印　　刷	成都市火炬印务有限公司
成品尺寸	170mm×240mm
印　　张	9.75
字　　数	145 千字
版　　次	2023 年 11 月第 1 版
印　　次	2023 年 11 月第 1 次印刷
书　　号	ISBN 978-7-5504-5970-0
定　　价	68.00 元

前言

近年来，随着我国综合国力持续攀升，物质基础不断巩固，大型建设项目现已成为我国建筑业重点建设的领域，在我国固定资产中所占的比重也不断增加，大型建设项目的管理问题成为业界关注的重中之重。

大型建设项目具有投资额大、建设周期长、内部结构复杂的特点，且多个单项工程或单位工程同时或依次施工，往往会由多个承包商或供应商共同参与，因此大型建设项目的整个系统较为复杂，工程项目风险较高，控制难度较大，那么业主方在进行组织协调管理的过程中就会面临多界面、高风险的局面。与此同时，由于业主方是工程建设项目的主体，又是项目的发起人和承担者，其在项目的概念提出阶段、策划设计阶段、实施阶段以及建成后的正常运营阶段都发挥着主导作用。故本书从业主方角度出发，将工程项目界面分为目标系统界面、行为系统界面、技术系统界面、组织系统界面等几个方面，对大型工程项目界面管理进行探讨。

由于大型建设项目特点突出，很少有公司或公司联合体对项目进行总承包，就现阶段而言，大型建设项目更多地采用传统的 DBB 模式来进行逐项分包 [DBB，设计—招标—建造（design-bid-build）模式，它是一种在国际上应用最早且比较通用的工程项目发包模式，由业主委托建筑师或咨询工程师进行各项前期工作，如进行机会研究、可行性研究等，待项目评估立项后再进行设计]，故本书将 DBB 模式作为研究背景模式。

本书站在业主方的立场，在从系统论的视角对界面管理的内涵进行界定的基础上，基于系统论的内部子系统和外部环境复杂性的双重背景，首先诠释了界面的内涵及界面矛盾的产生机理，并提出了"正界面"和"负界面"的含义，重点针对大型建设项目实施过程中业主方在行为界面及组织界面管理中应具备的界面识别能力及界面管理能力进行了深入探讨，分别提出应用 WBS 方法和 FTA 方法，对大型建设项目实施过程中的行为界面和组织界面进行识别；其次本书构建了 DBB 模式下大型建设项目业主方组织界面整合度的概念模型，并运用委托—代理理论、博弈论等方法，分别对大型建设项目实施过程中的业主方与政府部门、勘测设计单位、监理单位、施工单位之间的界面提出了界面管理的方法；最后本书通过对 FLX 水利枢纽工程案例的分析，对研究的理论成果进行了应用，以检验理论研究在大型建设项目界面管理中的有效性。本书为我国大型建设项目管理工作的开展提供了有效理论支撑。

本书在写作过程中吸收了国内外众多学者的研究成果，在此表示感谢，同时陈雨、李帅君、韩蓉、罗夏玙、周化桐、唐亮参与了本书的资料收集、誊写、绘图、审校等工作，成都西南财经大学出版社对本书的出版给予了大量支持和帮助，出版社的编校人员在本书编校过程中付出了大量的时间和精力，在此对他们表示衷心的感谢！

尽管笔者在写作过程中倾注了许多心血，但由于学术视野和专业水平有限，书中必然还存在着诸多不足之处，恳请同仁批评指正。

刘博

2023 年 5 月

目录

第一章　绪论

第一节　研究背景

大型建设项目一般是指投资额大、建设周期长、内部结构复杂、涉及因素众多的工程项目。随着我国综合国力的提升以及社会物质基础的巩固，大型建设项目在我国固定资产投资中的比重逐渐增大，大型建设项目也成为我国建筑业重点建设的领域和工程承包商重点开发的新领域。

大型建设项目除具备一般工程项目的一次性、独特性、目标明确性和目标约束性等特性之外，还具有自身的特点：①大型建设项目规模庞大，属于复杂系统范畴。从系统论角度出发，如果将大型建设项目看成一个系统，其内部的子系统较为复杂，并且系统的外部环境也呈现出复杂多变的特性。大型建设项目投资额巨大，建设的周期也较长，同时项目建设的参与方众多，这些因素导致了大型建设项目的整个系统较为复杂，控制难度很大。②大型建设项目面临着比一般工程项目更为广泛的风险。大型建设项目更复杂，项目周期更长，涉及面更广，因而在大型建设项目的投资决策、设计、施工、移交以及运行的各个阶段都有可能遭受来自政治、自然、经济、社会等各个方面更为广泛的风险，并且在预防和处理这些风险时要付出更高的代价。

从上面的分析可以看到，各大型建设项目具有共同的特点：投资大、工程量大、工期紧，多个单项工程或单位工程同时施工或者依次施工，往往由多个承包商及供应商共同参与。这些特点的存在，使得大型建设项目的业主方在进行组织协调管理的过程中会遇到很多界面。从工程项目建设的角度分析，可以将界面分为目标系统界面、行为系统界面、技术系统界面以及组织系统界面等方面。

业主作为项目实施的主体，如何有效管理这些界面，确保各参与方能够配合得当，是工程项目成功实施的关键所在。基于此，本书从业主角度对大型建设项目的界面管理进行相应的探讨，具有理论和现实的双重意义。

第二节　研究意义

工程项目趋于大型化是社会发展的必然趋势。从系统论的角度出发去考查大型建设项目，可以发现，大型建设项目规模庞大，属于复杂系统的范畴。如果将大型建设项目看成一个系统，则其内部的子系统较为复杂，并且系统的外部环境也呈现出复杂多变的特性。同时，大型建设项目的投资额巨大，建设周期较长，项目建设的参与方较多，这些因素导致了大型建设项目的整个系统较为复杂，控制难度很大。另外，相对于一般的中小型工程项目，大型建设项目管理的任务更艰巨，管理的难度更大。探讨大型建设项目的管理方法，不能仅从整体上去进行宏观的把握，还应该对各个子系统之间的相互作用机理进行分析和探讨。

可以认为，从不同角度所划分的子系统搭接的部分称为界面。界面的存在给工程建设项目管理带来两个方面的问题：一方面是界面的模糊导致职责不清、管理混乱现象出现；另一方面是界面过于严格引起信息流通不畅现象出现。

孔茨认为，管理是设计并保持一种良好的环境，使人在群体里高效率地完成既定目标的过程。在一个工程项目的建设过程中，无论该工程的规模大小如何，参与工程项目建设的各方均在进行着项目管理，其中业主（或委托的项目管理单位）的项目管理是其中的主体，处于主导地位。美国项目管理学会（PMI）制定的项目管理知识体系（PMBOK）将项目管理划分为范围管理、时间管理、费用管理、质量管理、人力资源管理、沟通管理、风险管理、采购管理、项目干系人管理及整体管理十大领域。业主在管理工程项目的过程中，要结合工程的实际情况，通过采取一定的管理措施、手段和方法，确保工程建设的顺利实施。业主在工程建设各阶段项目管理的职能如下：①工程项目前期规划和可行性研究阶段的主要工作。在项目的前期规划和可行性研究阶段，业主委托咨询工程师进行项目的规划和可行性研究，具体内容一般包括：工程项目建设条件分析，包括对资源条件、交通运输条件、经济社会发展条件等的分析；工程建设可能存在的问题及对生态环境的影响等的分析；工程项目目标系统的建立与分析；工程进度及资金筹措的安排；提出工程项目建议书；进行项目的可行性研究。②工程设计阶段的工作内容。该阶段业主项目管理的主要工作是委托设计单位对工程项目进行规划设计，并对下列环节进行审核或控制：工程建设地址的选择；工程项目总体策划，包括确定项目开发目标、项目总体方案和总体设计；工程项目实施计划，包括总工期计划和资源计划；工程项目投资概预算，资金需求计划；工程主体结构设计；工程项目建设管理系统规划，包括工程项目分标设计、发包方式和管理模式、组织机构设计等。③工程招标阶段的工作内容。业主该阶段管理工作的主要任务包括：合同策划，包括招标范围的定义、合同文件的选择、招标文件的起草等；实施招标，包括对投标人的资格预审、组织现场踏勘和标前会议、进行开标；组织评标；确定中标单位；分析合同风险，并制定排除风险的策略。④工程施工阶段的工作内容。这一阶段业主项目管理的主要任务是进行目标控制和合同管理，具体包括：施工准备工作的目标控制，包括现场准备、技术准备、资源准备等，为开工做好充分的准备；工程质量控制，包括承包商质量保证体系的审核、工程材料和设备的质量验收、施工质量监督和工程中间验收、对已完工工程组织完工验收等；工程进度控制，包括承包商施工组织设计和进度计划的审核、对施工进度进行分析、督促承包商按计划完成工程、处理工期索赔等；工程投资控制，包括严格进行计量支付、控制合同价格调整、控制工程变更而引起的价格变化、处理费用索赔等；工程合同管理，包括审查分包合同和分包商、控制工程变更和索赔、科学处理合同争端等；组织协调，做好项目内部及项目外部的各种协调工作；工程项目竣工验收和后评估，包括按规范组织工程竣工验收、进行工程建设总结、组织项目审计、进行项目的全面评估。上面谈到的这些职能，是在所有规模的工程项目中，业主都要面临的。对于大型建设项目而言，整个系统较为复杂，项目建设的参与方众多；因此，业主方在进行项目管理时，对其沟通的能力要求较高，在大型项目建设过程中，业主必须拥有较强的沟通协调能力，才能确保大型建设项目的顺利实施。

可以看到，业主方作为工程建设项目的主体，在项目的概念提出阶段、策划设计阶段、实施阶段以及建成后的正常运营阶段都发挥着主导作用，项目其他参与方的相关工作都需要得到业主方的认可。同时，业主作为项目的发起人和承担者，其接触的参与方也是最多、最复杂的。因此，从业主方角度去研究工程建设项目的界面管理，具有很强的代表性和很好的现实意义。

由于大型建设项目本身的复杂程度高，受到投资额巨大以及技术要求高等因素的制约，很少有公司或者公司联合体对项目进行总承包，而更多地采用传统的 DBB 模式来进行逐项分包。因此，本书在研究过程中，以DBB 模式作为研究的背景模式，具有很好的现实意义。

作为从业主方角度去考查大型建设项目界面管理的研究，本书认为大型建设项目业主方组织界面整合是 个系统的工程，包含的内容较多，需要对其进行系统的归纳总结。基于以上原因，本书借鉴项目管理成熟度的概念，提出组织界面整合度的概念，以便系统地对建设项目组织界面整合的相关问题进行探讨。

综上所述，本书从业主方角度出发，以大型建设项目实施过程中所常用的 DBB 模式为研究的背景模式，比较系统地考虑到大型建设项目实施过程中存在的各种界面，尝试用定量分析与定性分析相结合的方法，得出相应的沟通协调机制。这对大型建设项目的组织协调机制具有一定的补充意义，在一定程度上丰富和发展了项目管理的相关理论。

第三节　研究内容

对于大型建设项目而言，进程复杂，参与方较多，因而在其实施过程中各环节及各参与方之间的协调显得尤为重要。而业主方作为项目实施的核心，应具备较好的界面处理能力，以确保大型建设项目实施过程的顺利进行。本书站在业主方的立场，在从系统论的视角对界面管理的内涵进行界定的基础上，重点针对大型建设项目实施过程中业主方在行为界面及组织界面管理中应具备的界面识别能力及界面管理能力进行了深入探讨，通过提出 DBB 模式下大型建设项目业主方组织界面整合度的概念模型，提出了相应的界面处理方法，再通过对案例的分析，对研究的理论成果进行了应用，以检验理论研究在大型建设项目界面管理中的有效性。本书具体研究路线如图 1-1 所示。

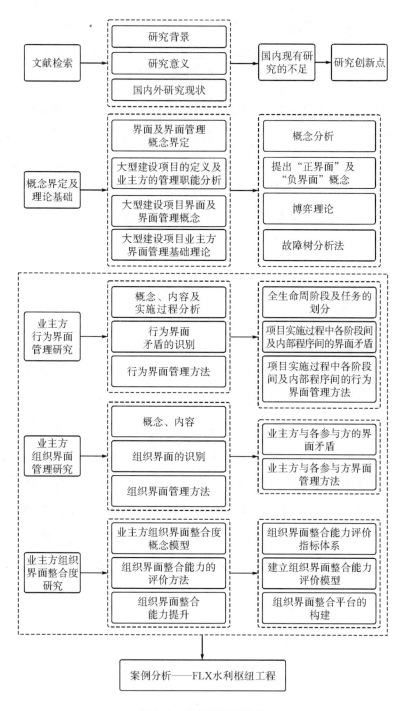

图 1-1 本书的技术路线

第四节 研究方法

本书拟采用文献阅读法、规范研究法、案例分析法等。

第一，文献阅读法：通过阅读大量文献，了解国内外建设项目管理研究的主要方向，在此基础上确定本书的界面管理的研究方向。通过阅读文献，对大型建设项目的建设模式以及建设过程中可能涉及的参与方有了初步的认识，对界面管理的研究方向及研究思路有了较为深入的了解和认识，在此基础上提出从业主方的角度去考查大型建设项目实施过程中可能遇到的组织界面管理的问题。同时，通过阅读文献，提出将相关理论的研究成果运用到本书中，为解决大型建设项目组织界面管理问题提供思路。

第二，规范研究法：本书借鉴前人的研究成果，结合系统论、信息论、博弈论等方面的理论，对大型建设项目业主方界面管理的研究建立了一整套的研究理论和体系。

第三，案例分析法：本书在针对大型建设项目业主方界面管理理论进行研究的基础上，通过对案例的分析，对理论部分的研究成果进行实证分析。本书通过研究现实案例中行为界面、组织界面管理中存在的问题，从业主方角度出发，将解决大型建设项目业主方界面管理中存在问题的理论应用到解决实际工程存在的界面冲突中，以此来验证理论的正确性和适应性。

第五节 研究创新点

本书从业主方角度，对大型建设项目的界面进行了分析，提出了大型建设项目业主方组织界面整合度的概念，重点探讨了大型建设项目的行为界面、组织界面的识别方法和协调机制。本书对大型项目的界面管理做出了具有一定深度的探讨，对大型建设项目的组织协调管理理论做了总结和发展。本书可能在以下几个方面做出了一定创新的研究：

第一，本书首次从系统论的角度对界面的内涵进行了诠释，从信息不对称的角度提出了界面障碍及界面矛盾的形成机理，并提出了"正界面"与"负界面"的概念。

第二，本书尝试将 WBS 方法运用到 DBB 模式下大型建设项目行为界面的识别中，从大型建设项目各实施阶段过程之间及各实施阶段内部两个方面较为系统地总结了大型建设项目的行为界面及界面矛盾，并提出了各自相应的界面矛盾的解决方法。

第三，在针对大型建设项目组织界面的识别中，本书尝试运用 FTA 方法，从大型建设项目实施过程中常见的问题出发，寻找大型建设项目实施过程中的组织界面，并综合运用委托—代理理论、博弈论等知识，提出了DBB 模式下业主方与其他主要参与方之间界面矛盾的协调机制。

第四，本书首次将整合度的概念引入大型建设项目组织界面管理中，并首次提出了业主方组织界面整合度的概念模型，为系统研究大型建设项目业主方组织界面整合度，总结业主方界面组织界面管理的经验提供了一定的思路。

第五，在提出大型建设项目业主方组织界面整合度概念模型的基础上，本书通过识别大型建设项目业主方组织界面障碍及组织界面矛盾，首次构建了大型建设项目业主方组织界面整合能力的体系架构。

第六，本书首次对大型建设项目业主方组织界面整合能力进行评价，构建了大型建设项目业主方组织界面整合能力评价的指标体系，并运用相关的数学模型来进行了综合评价。

第七，为了能够更好地发挥大型建设项目业主方组织界面整合能力，本书首次提出建立大型建设项目业主方组织界面整合平台。

第二章　文献综述

第一节　界面管理概念研究现状

界面（interface）最初出现在工程技术领域，是指在相关区域、实体、物质或阶段之间所形成共同界限的面。鉴于界面理念与管理之间的相通性，界面理念被应用到管理活动中，用来描述职能部门之间、人与物之间、工序之间、流程之间的连接关系。目前，国内外对界面管理的研究主要集中在界面管理理论、R&D—市场营销界面、不同类型企业之间界面管理、工程项目界面管理等领域。

国外对界面管理的研究主要有以下的成果：

对于界面管理的研究，国外学者侧重于从组织管理的角度对组织中参与管理的人的管理界面进行研究，着眼如何减少项目过多的冲突或者填补管理活动中的缺失部分。Turner 等[1]以项目经理和职能经理之间的职责明晰程度、管理决策参与程度、与项目技术团队的沟通、项目规模和项目复杂性等因素为影响因子，建立了项目经理和职能经理的界面冲突与管理模型。Archibald[2]提出项目管理中的界面、界面事件、关键界面等概念以及开展界面管理的简明步骤，将项目界面分为职责变更界面、行动结果界面、管理界面、客户界面、信息界面和材料界面六种类型，并区分了一般界面事件和关键界面事件的概念。

国外学者针对 R&D—市场营销界面管理也做了很多研究。Song 和 Thieme[3]认为，R&D 和市场营销之间的界面管理对于新产品的成功开发是一个很重要的因素，并基于联盟管理理论模型提出了一个具有意义的理论假设，强调在组建联盟的开发过程中，营销和研发部门之间存在的利益冲突与共性；Song 和 Parry[4]对日本高技术企业的 R&D 和市场营销之间的界面管理进行了有效的分析和探讨；Gupta[5]对高技术企业的 R&D 和市场营销之间的界面管理进行了分析，给出了界面障碍存在的原因；Song 等[6]对 R&D—市场营销一体化问题进行了有益的探讨。

Chua 和 Godinot 在论文《使用 WBS 矩阵改善项目的界面管理》[7]中通过使用新的 WBS 矩阵的概念，从而代替项目管理中一直采用的通俗的界面管理的概念；Chen 发表了论文《多视角方法探索界面问题的综合因素》[8]，该文章根据一种多方视角的分析方法，全面系统地讨论了不同的界面管理问题的多方影响因素，具体通过 6 个相互关联的方面，即人/参与者、方法/工艺、资源、文档、项目管理和环境展开影响因素的判定和识别。该文章为系统全面地分析界面管理可能产生的多种问题提供了理论依据，并因此为从业者和研究者对相关问题的解决提供了围绕界面解决方案的理论基础；Tang 发表了论文《营销—运营界面模型的回顾：从共存到协调和协作》[9]，认为为一个公司的生存发展以及成功做出巨大贡献的两个重要因素是市场营销和业务，但是在实践中有效的协调营销和业务领域之间的合作是非常困难的。一旦市场营销和业务之间产生冲突，那么业务的"供应"就会出现不符合营销的"需求"的情况。据此，该文章提出了以统一的框架为指导，用来协调解决界面管理在该方面的问题。

Winkler 等发表了论文《复杂城市基础设施系统的界面网络模型》[10]，该文章认为对于基础设施系统能否提供可靠性评估是必不可少的一部分，并且能及时为可预见的危害提前做出准备，从而提供了实用可靠的界面管理方法。此外，该篇文章认为，业主和运营商能否提供简易、全新而且相对充分的战略目标，重点在于能否实施复杂系统的界面管理，并据此降低广泛的相互依存的失败破坏性事件的概率；Yun 等发表《衡量资本项目开发中管理界面的定量方法》一文[11]，该篇文章概述了界面管理中的定量测定方法，并且对与建筑行业相关的组织界面和管理的研究文献进行了比较全面的回顾，通过研究得出的结论和可以量化的评估工具，能够应用于衡量企业和项目人员分配的过程中，并且明确了具体的资本项目的参与和互动关系。

Rahmani 和 Thomson[12]在论文中主要介绍了界面管理理论中应用的计算机辅助系统的相关理论，通过分析计算机系统来进一步分析界面管理系统，并将之应用于实际中。该篇文章着重分析了一种计算机辅助子系统的接口定义和控制方法，将接口定义为子系统端口之间的互连，指定端口使用不同设计团队之间的接口定义的一致性，接口端口之间形成时端口交配，端口配合的精髓所描述的两种形式来表示的逻辑信息。首先，一组要求被定义为一个单独的端口，以确保功能正常。其次，连通规则表示端口之间的连接逻辑，通过正确运用规则以保证它们被正确整合。通过将计算机辅助子系统的连接分析方法应用于界面管理中，以提升界面管理效率。

Shokri 等发表了论文《大型资本项目的界面管理模式》[13]，基于目前许多建设项目正变得越来越复杂，因此该文章提出了基于流程的方法 Mega 资本项目的管理界面方法。首先从接口的定义和分类开始，然后进行主界面管理系统（IMS）实施步骤，具体是：标识接口、处理文档、信息发行、通信及收盘；Dekkers 等发表了《"产品设计和工程"与制造之间的界面：文献和经验证据的回顾》一文[14]，阐述了"产品设计和工程"管理和制造于一体的综合方式，并试图应用于界面管理中，因此产生了许多同时面临多种任务的局面，根据这种情况，该研究提出了一个系统的解决方案，即将管理与制造结合进行综合管理以提高界面管理效率。

通过以上综述可以看到，国外初期对于界面管理的研究重点在实证研究上，并且研究结果表明，界面管理对企业的成功至关重要。后期的研究大都放在对部门间的交互作用、障碍分析、冲突来源等细节的深入剖析及实证研究上，因为研究偏重实证，所以理论研究成果相对较少。

国内对于界面管理的研究起步较晚，真正将界面管理的理论引入管理学的相关分析是在 20 世纪 90 年代初。1995 年，官建成、靳平安发表了论文《企业经济学中的界面管理研究》[15]，对界面管理内涵、R&D—生产界面及 R&D—市场营销界面的管理进行了相关探讨，这可以看作我国学者关注界面及将界面管理的思想应用到管理中的开始。自此，我国学者对于界面管理的研究逐渐深入，并且界面管理思想也被应用到了不同的领域中。

从国内相关检索机构的检索情况来看，截至 2022 年国内对于界面管理的研究有几百篇文章。对这些研究文章按照研究层次来进行划分，可以看到，属于基础研究（社会科学）层次的占到了 38%，属于政策研究（社会科学）层次的占到了 24%，属于行业指导（社会科学）层次的占到了 22%，属于职业指导（社会科学）层次的占到了 7%，属于工程技术（自然科学）层次占到了 7%，属于基础与应用基础研究（自然科学）2%。国内界面管理研究层次情况如图 1.1 所示。

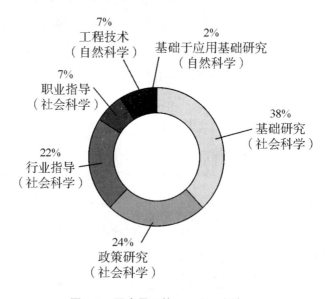

图 1.1　国内界面管理研究层次情况

在国内学者对界面管理的研究中，针对 R&D—营销界面的研究较为丰富。许允琪[16]对 IT 企业新产品开发项目中的 R&D—市场营销界面整合机制进行了探讨，提出了较为系统化的 IT 企业新产品开发项目中整合机制作用效果概念模型，为整合机制有效使用的选择提供了科学性与实践性相结合的管理原则、方法和分析工具，并从提高整合度、新产品开发绩效、动态环境中新产品的开发绩效三个方面提出了一些可行的市场有效使用R&D—市场营销界面整合机制的方法与对策；龚艳萍[17]认为，在复杂动态环境中，如果企业的R&D—市场营销界面的整合不能随环境的变化而调整，这种界面管理刚性就会成为组织快速响应变化的障碍，其围绕动态环境下企业R&D—市场营销界面管理为什么要具有柔性及如何构建柔性的问题，运用系统的思想进行了全面的分析；李彦[18]揭示了在我国高技术产业化过程中，企业内部存在R&D—市场营销界面障碍的深层次原因，建立R&D与市场营销部门之间系统整合的界面管理理论，从企业流程、企业文化、组织模式、利益协调等方面提出对研究开发与市场营销进行有效的界面管理的措施及步骤；丛培成[19]将影响高新技术企业R&D—市场营销界面的众多因素归为信息、文化、管理以及组织四个方面并进行了详尽的论述，从信息流通、文化整合、组织调整以及先进的管理方法和机制等方面提出了改善高新技术企业R&D—市场营销界面管理的途径和措施，为增强高新技术企业创新能力、促进我国高新技术企业的健康快速发展提供了具有可操作性的方法；张庆锋[20]揭示了组织结构、信息沟通、利益协调和企业文化对企业界面管理产生的重大影响，并结合莱钢集团公司存在的实际界面问题进行研究，提出了改进钢铁企业R&D—生产制造界面管理的有效措施；官建成等[21]讨论了R&D—市场营销界面管理研究的概念框架，并在此基础上对北京地区企业进行了R&D—市场营销界面实证研究，应用主因素及方差分析等数据分析技术，归纳出界面管理有关的四个主要因素，并对界面管理与企业技术战略关系及部门间对界面管理因素认识上的差异进行了深入分析；李凤莲等[22]认为技术创新与营销的界面管理障碍一直是困扰我国企业技术创新效率提升的难题，并从信息沟通、组织结构和文化氛围等方面提出了改善措施；官建成和罗艳[23]针对我国工业企业技术创新活动实践，在北京地区工业企业中进行了大规模的R&D—市场营销界面因素调查和实证研究，识别了北京地区工业企业中R&D—市场营销界面上存在的主要问题，揭示了R&D部门与市场营销部门对界面管理因素认识上的差异，进而提出了消除界面障碍的管理建议；许慧敏等[24]分别讨论了以

R&D 和市场营销为主要竞争力的企业所组成的战略联盟，并对其中所产生的界面及界面管理问题进行了重点研究，同时在相关理论研究的基础上，提出了界面管理的理论模型和管理方法。

针对不同类型企业之间界面冲突问题，武汉理工大学赵玉林教授及其研究生做了较为深入的研究，分别就高技术企业与传统企业、高技术企业与风险投资企业、高技术企业与金融机构、高技术企业与科研机构之间的界面管理问题进行了探讨。王璐[25]通过借鉴日本、美国的界面管理的理论研究成果和实践经验，对我国高技术企业和传统产业合作发展过程中显现出的各种界面问题进行了广泛深入的调查研究，深刻分析了问题产生的原因，探究可行的解决办法，进而总结出对我国的高技术企业与传统企业的界面问题有实际指导意义的一般原理和方法，为我国高技术企业的发展寻找依托，为传统产业的发展确立方向，为加速我国高技术产业化和传统产业高技术化提供现实意义；周珊珊[26]运用了系统分析方法、控制论方法和实证分析方法对高技术企业与风险投资企业之间的界面来进行分析，研究高技术企业与风险投资企业之间的相互控制、相互之间的信息传递以及如何建立有效的高技术企业与风险投资企业的运作模式，并提出如何建立高技术企业与风险投资企业的外部支撑系统，从而更好地促进我国高技术企业与风险投资企业的发展；陈捷[27]从界面管理的角度，详细分析了高技术企业与金融机构界面产生的原因，重点从彼此信息沟通与整合的角度进行了原因分析，运用系统方法从高技术企业与金融机构组织管理模式和自组织机制两个方面提出了界面管理的实施对策，并对高技术企业与金融机构界面管理模式进行了总体设计；陈静[28]通过深入分析我国科研机构与高技术企业之间的界面问题，揭示其界面障碍存在的深层原因，从知识传递、技术转移、人才交流的角度探讨两者有效结合的界面管理模式，并建立起科研机构与高技术企业生态化演进的系统模型，为促进我国高技术产业的发展，完善国家创新体系提供理论探索的思路和可行的策略方法建议。

国内针对工程建设项目中界面的研究主要是针对工程建设项目的合同界面、设计界面、组织界面、总承包管理界面以及相应的界面协调机制的探讨。姜保平、傅道春[29]介绍了建设项目实施过程中界面管理的必要性和管理的方法，并针对常见管理模式下的界面管理进行了详细论述，探讨了信息技术在项目界面管理中的应用；郑磊[30]认为在房地产开发项目中，既有企业间的冲突，也有职能部门间的冲突，并以界面管理为视角，在论述其含义的基础上提出了房地产开发项目界面管理分析的步骤和框架，将房地产项目界面划分成三个层次，逐一进行探讨；程兰燕、丁烈云[31]认为，合同界面管理是工程项目实施过程中的重点和难点，通过两种典型管理模式下合同界面的分析与比较，明确了业主和承包商在合同界面管理中扮演的角色，并提出了在合同订立前后合同界面管理方法以及应该注意的问题；王亦澍[32-33]认为大量的矛盾、争执和损失都发生在界面上，针对施工总承包的界面问题进行了探讨；李建新、曹霞[34]从基于项目的组织关系分析出发，提出了组织界面管理的必要性和重要意义；刘红梅、张星[35]通过对大型项目合同界面管理影响因素的分析，提出了合同界面管理的要点，并提出了合同界面风险管理的思路与流程；李立新[36]从管理和技术层面及静态和动态角度对设计界面进行了分析，并从管理模式选择、管理组织架构及管理程序运作三个方面提出了设计界面的控制方法；苏康、张星[37]从全寿命周期的角度分析了项目界面管理的内容及重要性，提出了基于全寿命周期的界面管理目标体系；陈守科[38]在仲裁理论的基础上，提出了一种组合协调模式—等级协调和无等级协调，用于解决建设项目组织内部的界面问题；朱启超等[39]从系统理论和组织理论的角度提出界面风险和界面风险管理的概念，并从时间维度、要素维度和关系维度三个维度描述项目所有界面的管理活动，建立了项目界面风险动态评估与管理的模型；宗立达[40]结合工程实例对项目实际管理中的界面关系的管理方法进行了探讨；朱广君[41]将界面管理理论与建筑施工企业信息化相结合，阐述了 ERP、SRM、CRM 这三种常见的信息系统中包含的界面管理的思想。

综合分析以上界面管理的研究情况，可以看到，当前我国对于界面及界面管理的研究主要集中在五个方面，即针对创新过程中的界面管理研究、供应链界面管理研究、界面管理的应用研究、界面管理能力及实施效果评价、工程项目实施过程中的界面管理研究。

管建华、秦静[42]提出运用界面管理来解决大型复杂群体项目，大型项目的大型性、复杂性导致项目在实施建设过程中出现项目管理指挥不通畅、信息黏滞、参与各方目标有差异、控制界面过多的问题。基于此，本书提出根据工程实践对项目结构分解，即项目界面划分是大型复杂群体项目管理的基础，这也是做好合同界面和组织界面的根本。

杨旋[43]对建设工程项目建设过程中参建的业主方项目部、监理项目部、设计方项目部、总承包方项目部之间的组织界面进行了分析和探讨，并提出了基于参与方和基础的信息流程界面衔接管理的措施。

古贵发[44]对房屋建筑工程项目的实体界面管理进行了分析，提出分部分项工程之间交接验收是界面管理的重点控制区域，应该采用联合验收和会签的方法来控制界面问题的发生。

田雪莲[45]深度分析和解析了工程项目在采用 BOT 建设模式下的项目界面管理特点和方法，提出了对具体 BOT 合同模式下的关键影响因素和管理策略工具，让界面管理方法理论深入运用到具体的合同模式下，指导实际运用。

李宣涛[46]将界面管理应用于项目智能化弱电工程管理中，用于解决技术复杂、专业化分工、工程界面众多的智能化弱电管理，提出管理方法及工具，进行了初步探讨，并推进了智能弱电工程建设效率。

田雪莲等[47]对工程项目合同主体之间、项目实体之间、项目部门之间的界面管理特点和运用方法做了整体分析，提出了工程项目界面管理中综合性的运用工具和思路。

戴发在《工程建设项目界面管理》[48]中深入分析了在工程项目中应用界面管理时的系统管理特点和方法，进一步丰富了界面管理在工程项目中的应用。施晓龙在《安装配合土建工程施工界面的技术管理》[49]中在相关研究的基础上，对界面管理的方法在安装工程与土建工程中进行技术配合和衔接进行了全面系统的分析和研究，并最终提出了具体、有效的解决方案和措施。

胡欣等在《PPP 项目界面管理关键影响因素研究》[50]中对 PPP 项目应用界面管理从合同、组织、实体三个维度，通过三种不同界面进行了清晰的界定。此外，该文章还对 PPP 项目界面系统中的各类界面进行了剖析，并应用后反馈神经网络（BP - DEMATEL，Back - Propagation Neuron Network）与决策试行及评价实验室评价（DEMATEL）相融合的方法，识别并分析了 PPP 项目界面管理中的关键影响因素。该种研究方法减弱了传统 DEMATEL 方法中专家构造 DIM 的主观性，增强了关键影响因素识别的可操作性与客观性。

王辉、赵文忠在《大型基础设施建设项目风险界面管理整合模式探讨》[51]中通过总结大型基础设施建设项目中应用界面管理时存在的界面风险，提出了基于任务—组织和流程的界面风险管理整合模型，并在界面管理的经济性、协调性和可靠性三个方面对大型基础设施建设项目界面风险整合管理的有效性进行了进一步的评价。

孙宝来在《EPC 项目投标阶段与实施阶段界面管理》[52]中针对工程投标及合同签订阶段转移到项目实施阶段界面管理之间有效衔接问题，提出解决思路和方案。赵雪琴《浅谈安装与土建施工界面管理》[53]对土建工程施工界面的内容，进行了分析与技术阐述，为土建工程的安装进行了指导，并从工程技术、施工管理的角度，解决各专业之间的界面协调与配合。

谢群霞等在《国际工程 EPC 项目设计工作界面风险管理》[54]中认为，EPC 合同模式下设计工作的成功除需要承包商有效管理其与业主和供应商之间的界面风险、各专业设计人员之间的界面风险外，还要考虑设计与采购、施工之间的界面风险。他们在识别国际工程 EPC 项目设计工作过程主要界面风险的基础上，提出相应的防范措施，从而为 EPC 承包商的设计管理工作提供参考与借鉴。

第二节　组织管理中界面管理研究现状

目前对界面管理应用的研究较少，主要集中在人力资源开发、虚拟企业协调机制、物流外包风险识别方面。

李刚、程国平[55]分析了界面管理对虚拟企业协调的重要性，从界面设计、信息技术、知识管理、跨文化管理等角度提出了基于界面管理的虚拟企业协调机制。

卢方卫、王惠娟[56]分析了界面管理在人力资源开发中的适用性和有效性，认为界面管理的方法和手段对提高人力资源开发的效果具有较强的启迪作用，并提出了界面管理在人力资源开发中应用的途径和方式。

徐娟、刘志学[57]从界面管理的角度出发，提出了物流外包的界面集成框架，将物流外包界面分为物流界面、信息界面和管理界面，并在此基础上建立了物流外包风险识别的三维结构模型，分析了物流外包风险类型及其特征，对各种风险的来源及影响进行了归纳与总结，为物流外包风险识别提供了一种新的思路。

伍海泉等[58]分析了湖南科技成果转化的界面障碍，提出了完善湖南科技成果转化的政策建议，分析了造成科技成果在科研机构、高等院校与产业界之间转化界面障碍的原因，并提出了完善湖南科技成果转化界面的政策建议。

翟家英[59]将系统的界面管理理论与企业信息化相结合，对供应商和客户管理的系统界面进行深入分析，并用供应商管理系统 SRM 和客户关系管理系统 CRM 等管理模块分别阐述了其中包含的界面管理理论与方法，以从中了解界面管理与企业信息化的应用效益。

何晗芝等[60]在分析界面管理基本理论后，对其在大型建设项目总承包方设计管理中的应用进行了研究，并结合阿尔及尔国际会议中心项目中的设计管理实例，证明了五种界面管理措施的实用性。

马之东[61]研究发现，市政工程项目在实施过程中出现的质量不合格、安全失控、进度滞后等问题，其中近60%的问题都与界面管理不当有关，应从三个界面进行重点管理：设计单位与施工单位之间的界面、施工单位之间的界面、建设单位与施工单位之间的界面。

定静[62]分析了大型复杂设计总承包项目界面管理的特点，将界面管理的基本方法、流程与某国际副食品采购中心总承包项目相结合，提出设计总承包单位可以运用一些先进的管理技术来提升界面管理能力，提高界面管理工作的效率与质量。

孔维林和徐友全[63]从国内外基本理论入手，分析了医院设计界面管理的特点以及成因。其将设计界面根据建设项目的阶段进行划分，并以某医院案例为例，将基础理论与实践相结合，按阶段分别阐述了各个阶段的设计界面管理工作。

毛薇、王西[64]针对界面管理的类型、界面管理对于企业发展的作用以及企业创新发展的策略进行了研究，发现界面管理可以为企业的创新管理提供方向，提升内部人力资源管理的水平，解决企业界面障碍，充分发挥企业管理的整体性效果。

关于组织界面矛盾解决方法的研究如下。温冉、佘立中[65]认为进行良好的组织界面管理对代建方而言十分重要，直接关乎整个工程的实施和完成，其重要性不可忽视。范红伟[66]基于信息不对称理论研究组织界面管理问题，认为信息不对称会引起逆向选择和道德风险，进而影响整个组织的界面管理实施和管理情况。杨亚频、王孟钧[67]认为合作伙伴模式能够有效解决施工总承包项目组织界面问题，但是目前建筑市场的信用机制作为实施合作伙伴模式的环境还有待加强。李俊辉[68]应用了 WBS、UML 泳道图、职能任务表等工具进行组织界面识别，从多种角度、应用多种工具系统地分析了组织界面管理的效果。王春青等[69]用系统论分析重大科技项目组织界面协同管理的内涵，从整体角度分析组织界面管理在重大科技项目中的实施。路佩[70]认为 BOT 模式的水利基础设施工程建设中的组织界面管理的核心是政府和项目公司，工程实施中协调双方的职能是实现组织界面管理的重要因素。杨艳平[71]提出了利用 WBS 工具和责任分配矩阵控制科研项目中的组织界面管理问题。段昊智[72]运用和谐管理理论研究组织界面矛盾管理，分析界面管理矛盾原因和解决方式。刘博、鲍莉荣[73]应用 FTA 故障树分析法识别组织界面矛盾和障碍，通过管理学、数学等学科的理论和方法，开展大型建设项目实施阶段界面管理工作。

关于组织界面分类方面的综述如下。Henrik Szentes 和 Per Erik Eriksson[74]将组织界面分成三类，即组织内部的、组织外部的和组织之间的界面。段昊智[75]将组织界面分为横向、纵向和斜向三种。纵向、横向和斜向的分法基于项目整体组织结构，其中纵向指上下级组织之间，横向指平级组织之间，斜向指不属平级也非直接上下级的组织之间，总地来说，这三种界面都属于组织之间的界面。Henrik Szentes 和 Per Erik Eriksson 的分法相对比较全面，他们参考上述学者的分类方法并考虑外部环境对项目的影响，将工程建设项目的组织界面划分为内部组织界面、参与组织间界面、项目组织与环境间组织界面。

学者们将组织界面产生的各类问题及成因进行了列举和分析。李俊辉、郭海滨[76]认为，项目管理者、组织结构设置、组织目标管理、信息沟通效果、组织文化制度和组织协调是影响建设项目组织界面的主要因素。阚洪生等[77]研究了建设工程领域组织冲突问题，把组织冲突的成因归纳为组织、关系、项目以及合同四种因素。刘德舟、侯光明、郭晓音[78]认为，重大科技项目组织界面障碍主要成因有主体差异、竞争关系和信息不对称。张亚红[79]得出组织结构缺陷、信息沟通不畅、界面双方的情绪、目标差异、文化差异五个因素造成了组织界面矛盾的结论。

学者们也提出了能够有效管理组织界面的策略、方法。刘娜、张建平[80]提出在建设指挥部组织内部，应该尽早通过确定合理的内部组织机构框架及职责，避免在复杂界面管理上出现职责不清引起的混乱局面。温冉、佘立中[81]认为要通过优化管理模式、设计组织架构、明确职能分工、集成工作流程、网络信息管理等角度解决组织界面问题。吴绍波、强海涛[82]认为应采取加强交流互动、分享知识、第三方介入、增加投资、签订长期协议等方式处理组织界面问题。范红伟[83]认为可以从设计合理契约、建立伙伴关系、采用新承发包模式、利用信息技术、合理设计界面几方面进行组织界面管理，同时他提到了政府的监管作用。郑慧政[84]提出了建立界面管理办公室，并由专人如界面工程师、界面关系协调员针对总承包界面问题进行有效管理。Shokri 等[85]认为在建设工程特别是在大型项目中，通过清晰角色定位、明确责任和可交付成果及有效的界面管理，可以增进协作，减少利益相关者之间的冲突。

第三节　界面管理能力及效果评价研究现状

目前国内对于界面管理能力及效果评价的研究并不多，现有的文献主要进行了以下探讨：

黄辉等[86]在阐述了供应链界面运作活动与外部环境的基础上，分析了各因素之间的关联关系，构建了供应链界面管理能力评价的网络层次分析模型，并建立了 ANP 收敛超矩阵，通过实例验证了模型的有效性。

官建成、张华胜[87]在对影响界面管理众多因素进行分析的基础上，设计出了具区间数的灰色聚类方法，用以评价企业界面管理集成度，解决了因素量化困难、评价标准不一等问题，并将其应用到了北京地区几类典型企业的 R&D 与市场营销的界面管理实践中。

党兴华、王建阳[88]围绕企业合作技术创新界面管理进行有效性评价，对界面管理的特点及有效性评价问题展开分析，研究了网络环境下企业技术创新对界面管理的有效性影响因素，并在此基础上，构造了界面有效性的评价指标体系，利用网络分析法确定各评价指标的权重，为网络环境下企业技术创新界面有效性评价提供了可借鉴的方法。

杜跃平、梁艳红[89]构建了企业创新中 R&D—市场营销界面管理绩效评价指标体系及绩效评价模型，并利用层次分析法，对企业创新中 R&D—市场营销界面管理绩效评价做了一些有效的探索。

尤建新、朱岩梅[90]对设计—制造链的组织界面及其沟通方式进行了分析，并建立了设计—制造链界面关系管理效果的成本效果指标体系及评价模型。

可以看到，当前我国针对界面管理能力及效果评价主要的研究内容是针对企业实施界面管理后所达到的水平及取得的绩效进行评价，以找到企业在界面管理上存在的不足之处，便于今后改进。

现有研究都是针对企业内部或者是企业之间界面建立评价指标体系，再运用相关的数学模型进行分析与评价。目前，针对界面管理能力及效果评价的研究存在着一定的问题，最大的问题是在评价指标选择的适用性与准确性上，看其能否正确反映企业界面管理的效果。另外，在指标值的确定上也有值得商榷和研究的地方。

一些学者针对城市基础设施项目建设过程沟通不畅导致的界面风险问题进行了分析。Klakegg 等[91]对城市基础设施项目界面管理中政府的角色及作用进行了探讨，利用嵌入式治理的方式，建立了政府的界面管理框架。Fei 和 Da-wei[92]针对客户与项目之间的界面问题、Voordijk[93]针对项目的设计与解释之间的界面问题、Jiang 和 Kong[94]针对工程项目中组织界面不同层次之间的交流问题都分别进行了研究，并提出了相应的操作模型。Turkulainen[95]根据耐斯特石油组织 2005—2011 年在全球拓展能源再生业务的四个项目的管理，研究项目与项目之间、项目与组织之间的界面沟通问题，并提出界面集成管理机制。

国内外很多学者从不同的角度提出很多方法来提高城市基础设施项目界面风险管理水平。Chua 和 Godinot[96]提出运用 WBS 矩阵方法来管理项目界面，以此降低界面风险，并通过实证研究认为，该方法可以很好地消除界面风险管理中存在的灰色区域，使得界面关系更加清晰。Siao 和 Lin[97]在城市基础设施项目界面风险管理相关研究中提出了应用多层次界面矩阵的思路和方法。周春芳等[98]运用 WBS 矩阵与 DSM 集成的方法对农地整治项目的组织界面进行了管理，并提出相应的管理措施来降低界面管理项目风险。Lin[99]在前期研究的基础上，于 2015 年提出了基于网络的

BIM 界面管理系统，来提高工程项目界面信息共享水平以及界面信息跟踪的效率，从而降低界面风险，并且以中国台湾地区一项建设项目为例进行了对该系统的验证。

Huang[100] 通过问卷调研和访谈的方式对大规模快运系统的界面问题进行了分析，并运用因子分析法提炼出影响界面管理主要的六方面因素：管理因素、经验因素、协调因素、合同因素、法律法规因素、不可控因素。Shokri[101] 通过对 37 项大型工程项目的访谈，总结出对项目界面管理影响较大的因素分别为界面交付物定义、界面职责、信息沟通、界面边界、界面管理及责任协调、知识交互及界面追踪。Weshah 等[102] 对城市基础设施项目的界面管理影响因素及管理模式进行了研究，总结出的界面管理主要影响因素为管理、信息、招标和合同制定、法律法规、技术和地点。

从现有文献来看，学者们主要从界面影响因素及和谐理论两方面确定界面管理有效性评价指标。党兴华、王建阳[103] 以信息沟通、文化因素、组织结构和企业绩效四个因素确定评价指标，通过多个因素的单方和多方影响因素来分析界面管理的有效性。刘新梅等[104] 运用和谐理论确定了界面有效性的四个指标：界面要素构成、界面要素组织、界面环境和界面敏捷，不同于此前的分类，该方法对界面管理有效的分析进一步深化。黄辉等[105] 构建了供应链界面管理能力评价的网络层次分析（ANP）模型，综合多方面的因素并应用网络模型进行分析。孙卫等[106] 建立了知识联盟界面有效性综合评价指标体系和多级模糊评价模型，通过不同的影响程度划分不同的级别进行了更加具体的分析。徐丰伟[107] 提出了创新界面有效性对企业绩效影响的概念模型，并进行了实证研究。虽然已有较多文献分析了界面管理的有效性，但目前国内尚未形成较一致的界面管理有效性的评价方法。

第四节　工程项目界面管理研究现状

目前针对工程项目实施过程中界面管理的研究主要有以下的成果：

刘玉柱[108]根据系统论的观点，探讨了建设项目的综合管理工作，指出了建设项目管理的类型，提出了界面管理的方法与步骤。

李建新、曹霞[109]基于项目的组织关系，提出了组织界面管理的必要性和重要意义。

程兰燕、丁烈云[110]通过对两种典型管理模式下合同界面的分析与比较，明确了业主和承包商在合同界面管理中所扮演的角色，并提出了在合同订立前后的合同界面管理方法以及应注意的问题。

阎长俊、李雪莹[111]在分析项目界面的性质和特征的基础上，从项目管理模式对项目界面影响的角度，探讨了建设项目界面的成因与项目界面管理的意义，并以传统建设模式和工程总承包模式为例，研究了如何利用项目采购方式，以减少、控制和管理项目界面，并提高项目的潜在价值。

郑磊[112]将房地产项目界面划分为三个层次，即过程界面、组织界面和开发商职能部门之间的界面，并分别进行了分析，提出了各自解决的方法。

苏康、张星[113]对建设项目的全寿命周期中的界面进行了分析，建立了全寿命周期项目界面目标管理体系。

李蒙[114]分析了建设工程中接口产生的原因，提出了基于网络平台的接口管理方法。

朱广君[115]将管理学中的界面管理理论与建筑施工企业信息化理论相结合，阐述了二者的内在联系及相互作用，并用三种常见的信息系统，分别阐述了其中包含的界面管理思想，阐述了界面管理与建筑施工企业信息化的相辅相成的关系。

刘红梅、张星[116]分析了大型项目环境下合同界面管理的必要性及影响因素，提出了大型项目合同界面的管理方法和管理流程。

周红波、马建强[117]分析了轨道交通项目建设界面管理的内容，提出了轨道交通项目界面管理的方法与工作流程，并探讨了界面管理的组织体系及各方的职责。

许慧璇[118]认为，缺乏合理的界面管理和协调极易造成单项工程间的交叉干扰，严重影响资源的有效配置，通过对项目群中单项工程的界面管理问题的研究，提出了提高项目群的管理效率、实现组织的战略目标、为项目群管理增值的方法。

戴发[119]将工程建设项目各阶段的界面状态加以识别分析，并根据各自特点指出不同阶段的关注重点和所适用的界面管理措施。此外，其以某海上油田生产设施建设为例，分析了现阶段工程建设项目界面管理的现状和界面管理理论与实际相结合指导工程建设项目实践的重要意义。

袁欣等[120]针对建筑工程与水暖安装工程的界面管理进行了研究，在分析了建筑工程与水暖安装工程界面的形成机理基础上，总结建筑工程与水暖安装工程界面上存在的问题，并提出了解决措施。

王友国和王秀代[121]综合运用熵权法与灰色系统理论，在界定组织界面管理测度的基础上构建熵法与灰色评价相结合的大型工程项目组织界面管理评价模型。其结合某大型工程项目组织界面管理实践情况，利用所构建的体系和模型进行综合评价，依托评价结果给出针对性的改进意见。

时艳[122]针对大型建设工程项目合同界面管理，做了简单的论述，提出了合同界面管理策略。其提出通过分析影响合同界面风险管理的因素，结合各个因素的特点，采取针对性防范策略和手段，来实现对合同界面风险的有力控制。

可以看到，当前我国对于工程项目实施过程中的界面管理，大多数思路是对工程项目实施过程中的界面划分层次，一般而言被划分的界面有过程界面、组织界面、合同界面等。其中，对合同界面研究得较多，这些研究分析合同界面的影响因素，然后针对这些问题提出合同界面管理的具体措施。

另外，通过分析目前的研究文献，笔者发现由于将界面管理的思想运用到工程项目管理中的时间仅有 20 年左右，目前针对项目建设过程中界面管理的研究，缺少系统的方法论的指导，研究在很大程度上是凭空想象，或者仅对工程实施过程中常见的问题进行分析，缺乏深度。

同时，当前针对工程项目实施过程中界面管理的研究所得出的结论比较抽象，并没有提出较为详细的解决方案。此外，工程项目建设过程中环境的动态变化较大，目前的研究并没有考虑到这个问题。

据此，可以看到，在工程项目实施中界面管理的研究，可以从以下几个方面进行深入分析和思考：根据工程特点、规模等，选择适合的业主方管理模式，以保证最大化发挥业主方界面管理效果；界面管理中如何运用现代通信与信息技术进行有效的控制与管理；合同界面风险分配；根据工程建设项目环境动态性程度变化建立界面管理的模型，以确保项目管理能够快速响应环境及其他方面的变化。

Raes 等[123]提出了工程项目中组织团队界面过程管理的模型，从而解决不同层次的管理人员之间存在的沟通问题，并针对组织团队中界面沟通的重要性进行了分析。Mitchell 等[124]根据设计和建筑过程中存在的界面问题，建立了管理该过程的界面管理框架模型。Shokri 等[125]从界面识别、界面信息记录、界面信息通信、界面信息交流和界面管理过程关闭的角度，建立了城市基础设施项目界面管理的过程模型。

在研究城市基础设施项目整体界面模型管理框架方面，网络思想、集成思想和 IT 技术等也被引入相关研究中。2009 年以 Lin[126]为代表的学者以网络思想为切入点，借助于网络管理的思维方式，建立了界面管理网络系统，并对界面管理中存在的问题和事件进行了跟踪和控制。2013 年 Lin[127]又针对项目的界面管理系统，提出了基于 CNIM 的系统，以用于界面信息共享和跟踪。在界面集成模型方面，Yilin 和 Yanhu[128]从二维的角度提出基于集成思想的枢纽工程界面管理模型，并对其关键的技术问题进行了分析，建立了在项目的全寿命周期内界面集成模型。Ju 和 Ding[129]针对地铁设备工程建立了基于 web 的界面管理系统，以提升项目界面信息共享水平。在 IT 技术引入方面，Chen 等[130]对在城市基础设施项目中以 IT 技术为导向的界面管理模型进行了相关研究，提出了界面管理的模型框架，以提高界面相关信息传递的质量和效率。

第五节　创新过程中界面管理的研究现状

目前国内针对创新过程中界面管理的研究较多，本书列举其中具有代表性的研究成果：

官建成等[131]讨论了 R&D—市场营销界面管理研究的概念框架，在此基础上对北京地区企业进行了大规模的 R&D—市场营销界面管理实证研究，应用主因素及方差分析等数据分析技术，归纳出界面管理有关的四个主要因素（信息沟通、个人因素、组织结构、相互信任度），并对界面管理与企业技术战略关系及部门间对界面管理因素认识上的差异进行了深入分析。

官建成、罗艳[132]针对我国工业企业技术创新活动实践，在北京地区工业企业中进行了大规模的 R&D—市场营销界面因素调查和实证研究，识别了北京地区工业企业中 R&D—市场营销界面上存在的主要问题，揭示了 R&D 部门与市场营销部门对界面管理因素认识上的差异，比较分析了国有大中型企业和开发区高新技术企业在认识上的异同点。

赵玉林等[133]认为，提高界面管理的水平是提高企业技术创新效率的关键，组织结构是企业界面管理的研究重点，并提出了适合界面管理的组织模式，即跨职能技术创新风险小组，分析了重视组织中人才构成、知识结构和岗位流动的重要性。

赵青松[134]提出了：分析了 IT 企业 R&D—市场营销界面存在的主要问题及原因；提出了改善 R&D—市场营销界面质量的管理措施——理顺组织结构，减少沟通内耗；加强企业本身信息化建设；营造沟通的软性氛围，创造有利于创新的企业文化；交流提前；交流全程化；联合两部门对共同面临的问题进行决策。

杨德林、张庆锋[135]分析探索钢铁企业在技术创新过程中,影响R&D—生产界面的因素间的相互作用及R&D和生产部门对界面因素的认识,并提出改进界面管理的措施。

卫武等[136]认为R&D与市场营销部门之间的界面障碍是我国企业创新过程中效率低下的重要原因之一。其从流程再造的核心思想出发,分析了基于R&D—市场营销界面管理的流程再造依据,并运用该理论对R&D—市场营销界面管理的创新流程进行再造。

欧光军、欧阳明德[137]认为集成创新是现代企业创新运作的新模式,并结合信息技术的发展提出的基于界面管理集成的三类由低级到高级的集成创新模式,为产品集成创新研究提供了一种新的思路。

夏亚民、翟运开[138]认为,高新区是实现科技创新和产业化相结合的主要形式,其促进了科技成果通畅地转移到产业领域,实现经济和社会效益。他们构建了一个四层次的高新区自主创新系统,即中心层的自主创新机理系统、第二层的参与主体系统、第三层的创新内容系统和最外层的外部链接系统,并针对高新区自主创新系统的参与主体之间的界面管理进行了研究。

操龙灿、江英[139]以自主创新的大企业为背景,分析了我国大企业研发组织体系的现状,提出了自主创新大企业研发组织体系的结构模式,同时,对研究与开发之间、研发机构与企业内部职能部门之间,以及主机企业与配套企业研发之间的界面协调进行了研究。

龚艳萍[140]基于柔性理论和环境的动态性,探讨了R&D—市场营销界面管理中导入柔性的意义,分析了R&D—市场营销界面管理柔性的内涵及能力构成,并从R&D—市场营销界面管理的结构柔性、方法柔性等8个方面提出了构建R&D—市场营销界面管理柔性的16个维度,并在此基础上,设计和分析了R&D—市场营销界面管理柔性的概念模型及作用机制。

许慧敏等[141]分别讨论了以R&D和市场营销为主要竞争力的企业所组成的战略联盟,并对其中所产生的界面及界面管理问题进行了重点研究,同时在相关理论研究的基础上，提出了界面管理的理论模型和管理方法。

惠新[142]从技术创新与市场的关系，以及技术创新与营销的界面管理障碍等方面分析了企业技术创新—营销界面管理，提出了技术创新—营销界面管理是企业可持续创新的动力源，并从组织结构和区域经济发展等方面提出了改善企业技术创新—营销界面管理的措施。

李超杰[143]指出了不连续创新给 R&D—市场营销界面管理带来的最大障碍是难以获取用户隐性知识，并且给出面向不连续创新的 R&D—市场营销界面管理的方法——对传统 R&D—市场营销界面管理进行扩展：向外扩展到领先用户参与研发，以纵向协同研发的形式来进行不连续创新。

陈琪、张永胜[144]在理论研究的基础上，结合我国制造业企业的实地调研数据，对企业产品创新市场导向与 R&D—市场营销界面管理水平之间的关系进行了实证研究。研究结果表明，产品创新市场导向对产品创新前期的 R&D—市场营销界面管理水平起到较显著的正向促进作用，而在产品创新后期这种正向作用却并不明显。

王彩丽、罗鄂湘[145]在理论研究的基础上，结合上海市七大战略性新兴产业企业的实地调研数据，发现企业部门间的相互信任、合理的分配机制等能够消除企业内部界面管理障碍，提升企业创新成果产业化能力。

从上面的论述中可以看出，目前我国针对创新过程中界面管理的研究现状可以归纳为以下几个方面：首先，因为界面管理更多地对技术过程予以关注，所以很多文献都注意研究 R&D 与生产制造界面、R&D 与市场营销界面；其次，现有的大多界面管理研究以职能界面为研究对象；最后，大多数界面管理研究都着重研究新产品开发过程中不同职能部门之间界面有效性对创新绩效的影响，包括研究界面影响因素和作用机制，以及克服界面障碍的措施研究。

另外，可以看到，在创新过程中界面管理的研究还存在着一定的问题，主要表现如下：其一，研究的管理界面的面过窄。从企业内部来看，其仅包括市场营销部门和制造部门等比较单调的职能界面；从企业外部来看，其只从供应链角度研究企业与供应商和用户之间的界面。其二，界面管理多从面上着手，采用基于离散线性的"化整为零"方法来研究界面整合问题，即界面管理只能分析两个组织之间的交互，对于两个以上的组织交互与整合，必须转化为两两组织界面之后，再对其进行整合，缺乏从集成的角度去研究界面问题。其三，缺乏将信息技术与界面管理联系起来的研究。其四，对环境的动态变化考虑得不够充分。

在探讨了创新过程中界面管理研究的现状及存在的问题的基础上，可以看到，针对创新过程中的界面管理，进一步的研究方向有以下几个方面：①对信息技术在界面管理中的作用和影响的考察，可把界面管理研究与 CIMS、工程再造等一些新的企业管理手段的使用联系起来；②对职能内界面研究有待进一步深入，如 R&D 内部研究与开发界面的研究；③针对我国企业存在的实际界面问题开展实证研究和理论探讨，以改善我国企业的界面管理水平，解决存在于科研与生产环节以及技术开发与市场化环节的脱节问题，提高企业的新产品开发和创新活动的绩效；④R&D—市场营销界面管理在企业业务流程中的效率研究；⑤领导者的素质、R&D—市场营销界面管理与流程再造实施的关系；⑥企业外部环境对于内部 R&D—市场营销界面管理的流程再造影响。

拓展到新产品开发领域，郭贵林和许允琪[146]以 IT 企业新产品开发项目为研究对象进行实证分析，结果表明企业界面管理中的信息沟通对新产品的开发绩效有直接的显著影响。杨慧等[147]指出全过程的界面管理工作非常有利于提高企业研发速度和产品的市场化进程，有效的界面管理能够促进产品的创新和开发。在回顾和分析企业创新活动中的界面有效性问题时，徐丰伟[148]研究了界面管理对创新活动和企业绩效的影响，研究结果表明高效的界面管理状态对推进企业创新活动，尤其是提高新产品开发绩效，发挥关键性作用。

吴绍波、强海涛[149]按照知识链组织之间的交互作用分析的方法，认为创新界面存在串联界面、联合界面和交互界面三种形态，不同形态的创新界面会产生不同的作用效果，并最终影响界面管理的效率。杨慧等[150]从政府的角度将创新网络系统的管理界面分成两类：一类是政府与其他网络主体之间的界面，另一类是其他网络主体之间的界面；并得出结论——不同界面的创新效率不同。段万春等[151]将创新团队管理界面分类（和则类管理界面、谐则类管理界面），并进一步分析了不同界面的效率。

任荣[152]认为界面管理是组织联合创新的关键，并运用界面管理思想构建了一个符合企业自身需求且切实可行的联合创新分析框架。王春青等[153]从系统论和界面管理的角度对协同管理的运行机制进行了研究。许成磊等[154]总结前人的研究成果，认为界面管理的职能是设计并保持良好的界面环境，使得组织之间、部门之间和员工之间的跨界面交流和协调能够有效进行，从而实现组织目标，进而实现不同的创新目标。

第六节　供应链界面管理的研究现状

目前中国对供应链界面管理的研究并不多，现有的文献主要进行了以下的探讨：

曹英[155]对战略层次界面管理的重要性进行了分析与论述，探讨了供应链界面管理的战略特征，分析了供应链界面管理的障碍，并提出了面向战略的供应链界面管理的改善方法。

贾平[156]认为供应链的界面管理是供应链组织效率的重要来源，分析了产生供应链界面问题是因为供应链运作过程中节点企业之间存在经营业务和经营能力的差异、信息沟通问题以及组织文化差异等，并且针对不同的问题，提出运用不同的方法去解决。

杜漪、杨晶晶[157]利用交易费用理论对供应链的组织体制进行界定，通过对界面及界面管理定义的讨论，深入分析供应链网络组织中界面关系，并对供应链网络组织界面管理进行具体讨论。

刘小群、马士华[158]对供应链管理下战略性物流外包双方之间的协作机制进行了探讨，从信息的不对称、跨企业的资源分配和流程设计以及物流服务水平的不断提高等方面分析了物流外包界面管理的动因。在此基础上，其指出了供应链管理下物流外包中不同界面的管理方法和具体措施。

赵阳、杨贺[159]通过分析煤炭供应链界面之间界面关系，指出了当前煤炭供应链管理模式的不足，煤炭供应链上各类主体相互之间合作的深度和广度还远远达不到供应链管理的要求，针对此提出相应建议，以期对提高煤炭供应链竞争力有所借鉴。

吉亮[160]通过分析界面管理和供应链之间的联系，从战略层次论述了供应链界面管理中存在的问题。供应链上的界面管理主要取决于双方目标的一致性。制定合理且合适的战略，深入分析供应链界面管理可以规避风险和降低出现危险的概率。

当前我国针对供应链界面管理的研究，大多数针对供应链界面的分类、供应链企业间界面的成因、供应链界面管理的方法。

供应链界面管理的成因可以归结为专业化、信息黏滞、目标差异、文化冲突等几个方面，而所提出的供应链界面管理的方法集中在运用信息技术、模糊控制、建立协商机制、加强界面沟通等几个方面。

总体而言，目前针对供应链界面管理的研究在体系上较为清晰，其思路可以概括为分析供应链界面管理的存在——分析供应链企业间界面的成因——提出供应链界面管理的方法等一系列的思路。

杨晶晶[161]明确界定了供应链网络界面内涵，引用群体动力理论指出供应链组织界面矛盾发展规律，将界面矛盾运动划分为形成、稳定、激化、结束四阶段。其最终提出界面关系优化对策：一是加强企业进行界面管理时的成本控制，包括构建高效信息传递系统、建立高合作交互性成员关系；二是建立并维护高信任的界面关系，包括特征型、过程型及规范型信任机制的构建；三是增强界面沟通的驱动力，包括选择与自身资源互补性强的企业合作、建设统一标准化界面信息平台等。

一些学者认为信息或流程的协同整合是供应链价值创造的有效手段。例如，陈永平和蒋宁[162]认为通过及时、有效地获取与分析具有价值的信息，产生信息聚合效应，可以提高供应链运营界面管理的效率与效益，从而提升供应链信息价值的创造能力；肖静华等[163]认为供应链信息系统价值创造的机理在于企业间同步提升共享信息的准确性和及时性；Gligor 等[164]认为通过实施敏捷供应链策略，来使上下游企业高效率的计划、协调与流程协同，并快速响应市场变化，可以提升其价值创造水平。Hoof 和 Thiell[165]认为在闭环回收供应链情境下，协同能力是有效实施清洁生产的关键环节，对于可持续性供应链获得竞争优势具有重要作用。Liao 等[166]等认为供应链协同价值创新对供应链获取竞争优势具有显著的影响。还有一些学者认为，知识学习是企业间重要的供应链价值创造行为。例如，Yu 等[167]认为企业间的知识学习是获取供应链能力的一个关键的要素。Esper 等[168]从组织学习的角度，探讨了供应链中企业之间通过知识共享、优势互补的策略为供应链创造更多价值。Samuel 等[169]结合实证分析的方法发现知识作为组织间互补性资产，通过互相学习对于提高供应链价值创造能力具有显著作用。Ojha 等[170]通过对 128 个决策者进行实证分析发现，组织间信任和学习在供应链的创新价值实现和获取长期可持续性竞争优势方面起到关键作用；除此以外还发现信任关系和知识是供应链不可模仿和获得的异质性因素，是获取超额利润的关键因素。贺锋等[171]构建供应链"关系—学习"战略模型，并结合 81 家制造企业的实证数据，表明供应链企业间协作、学习可以提高企业绩效，是实现供应链强竞争力的推动力。Bergesen 和 Suh[172]基于光伏供应链，通过构建"技术—学习"框架发现，组织间新技术的学习对于长期降低成本、减少环境污染、提高供应链价值具有重要作用。除此之外，企业间的关系治理也被看作供应链增值不可或缺的创造行为。例如，Signh 和 Teng[173]以及徐可等[174]通过实证分析认为，关系治理与技术能力是影响供应链价值创造的重要因素。张旭梅和陈伟[175]结合 256 家供应链上、下游企业的调查数据，实证表明供应链企业间信任与关系承诺对合作绩效有显著的正向影响。陆杉[176]研究发现，关系资本对供应链价值目标的实现起到显著的促进作用。Bachmann 和 Inkpen[177]探讨了组织在组间信任关系的构建上的角色，提出四种提升信任关系的情形。Bstieler 等[178]对 98 个产学样本进行了分析，结果表明关系成熟度会影响组织间决策过程的信任度。不难看出，近年来很多学者从多元化视角探究了供应链的价值创造问题。但是，受到以企业作为唯一主体的传统价值创造逻辑的影响，供应链价值创造研究主要是围绕企业与企业之间的互动展开的。企业之间无论价值创造方式如何，依然局限于供应链局部的价值创造。

第七节　本章小结

本章通过对界面管理概念、组织管理中界面管理、界面管理能力及效果评价、工程项目界面管理、创新过程中界面管理、供应链界面管理的相关研究现状的分析，明晰了当前界面管理的相关研究进展，为本书研究的开展提供了较好的理论和方法的支撑。

第三章　概念界定及理论基础

在界定大型建设项目业主方组织界面整合度及整合度概念之前，有必要对界面及界面管理的相关概念及内涵进行重新诠释。

第一节　界面及界面管理概念界定

前文引用他人的观点，对界面做出了如下的描述：界面（interface）在汉语中是指两个或者两个以上物体之间的接触面；在英语中则具有多重含义，其既指物体间的交接面，又指两个独立实体间的接口或边界，也指两事物间的相互关系与作用。"界面"一词最初出现在工程技术领域，其是指在相关区域、实体、物质或阶段之间所形成的共同界限的面。随着界面理念与管理之间相通性的提升，界面理念被应用到管理活动中，用来描述职能部门之间、人与物之间、工序之间、流程之间的连接关系[179]。

该观点从界面一词的本义及其发展历程对其含义进行了界定。为了能够更好地解释界面一词在管理中尤其是工程项目管理中的内涵，以更好地为工程项目界面管理提供合适的思路，本书将从系统论的角度，对界面的内涵及本质进行分析。

一、界面内涵的界定

从系统论的角度去对界面的内涵及其本质进行界定时，需要明晰系统论中的相关术语[180]：

第一，系统。根据加拿大籍奥地利理论生物学家冯·贝塔朗菲（Von Bertalanffy）的定义，系统是"处于相互作用中的要素的复合体"。一般而言，系统具有多元性、相关性、统一性以及整体性等几个方面的特性。

第二，环境。系统以外一切同系统有关联的事物的总和，称为系统的外部环境，简称环境。系统之外的所有事物构成一个集合，但外部环境中的不同事物与系统的联系在性质上和密切程度上差别很大，对于每个具体系统来说，外部事物是无穷无尽的，不可能也没必要考虑一切事物。因此，考虑问题通常应忽略外部环境中无关紧要的事物，只考虑对系统有不可忽略影响的那些对象。

第三，子系统。当系统的组分数量足够多，而且难以甚至无法按照同一方式进行整合和管理时，就必须对它们分片、分组或分段进行整合和管理，这时，就需要引入子系统的概念。

如果系统 S 的某个部分 S_i 本身又是一个小的系统，就称它为子系统或分系统，称 S 为母系统或整系统。从子系统的定义中可以清楚地看到，子系统不是一般的部分，也不仅仅是整系统的组分，它本身一定是系统，具有系统的基本特征，必须作为系统来认知。

第四，系统的边界。凡系统都有内部与外部之分，内部问题和外部问题具有性质上的不同，混淆内部与外部，往往会犯大错误，因此，需要用系统的观点看问题，注意划分系统的内部与外部，做到内外有别。而要做到这一点，就需要明确系统的边界。

把系统与它的外部环境划分开来的事物，称为系统的边界。这里的环境是指系统边界以外的存在。边界既把系统的内部和外部分隔开来，又把系统的内部和外部联系起来。

正是由于边界具有把内部和外部既分隔开来又联系起来的特殊作用，边界附近必然产生系统内部任何部分、外部环境任何部分都不可能产生的现象，系统论中将这种现象称为边界效应。边界效应也有正负之分，系统思维要求人们要善于经营系统的边界，发挥边界的正效应，抑制边界的负效应，使边界成为促进系统安全和繁荣的保障。

在明晰了系统、环境、子系统以及系统的边界这四个概念后，下面从系统论的角度对界面的内涵进行界定。

本书对界面的内涵的定义如下：

假设存在 n 个系统 A_i（$i=1$，2，…，n），每个系统分别包括 m_j（$j=1$，2，…，i）个子系统，也即系统 A_i 中包括子系统 A_{i1}，A_{i2}，…，A_{im_i}。同时，各个系统 A_i 分别有各自的外部环境 E_i，则系统 A_1，A_2，…，A_n 之间、系统 A_1，A_2，…，A_n 与其外部环境 E_1，E_2，…，E_i 的边界，以及各系统 A_i（$i=1$，2，…，n）内部的子系统 A_{i1}，A_{i2}，…，A_{im_i} 之间的边界，称为界面。

为了能够更直观地反映出界面的概念，针对上文的描述，绘制相应的图进行描述，见图 2.1。

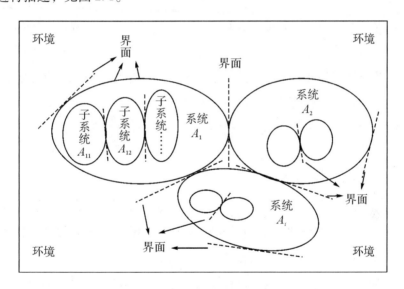

图 2.1　界面概念

上文提到，子系统本身一定是系统，具有系统的基本特征，必须作为系统来认识。因此，对界面的定义可以做如下的简化：

假设存在 n 个系统 A_i（$i=1$，2，…，n）及其各自的外部环境 E_i，则系统 A_1，A_2，…，A_n 之间，以及系统 A_1，A_2，…，A_n 与其外部环境 E_1，E_2，…，E_i 的边界，称为界面。

二、界面的特征分析

根据以上对界面内涵的界定，可以看到，界面具有以下几个方面的特征：

（一）界面存在的客观性

哲学上讲，联系是普遍存在的，这就使得周围世界存在着各种各样的系统。同时，一切存在于系统外部的事物都与系统有某种联系。因此，系统的外部环境也是客观存在的。正是系统以及系统的外部环境的客观性，决定了把二者分隔开来的界面具有客观性。当然，对于界面而言，系统及环境性质的多样性使得界面有显在的界面和隐性的界面两种。

（二）界面的可渗透性

从简化的界面的定义可以看到，从某种意义上来讲，界面能够将系统与系统、系统与外部环境分隔开来，这同时也意味着界面具有将系统与系统、系统与外部环境联系起来的功能。显在的和隐性的界面，并不能够严格地区分不同的系统以及系统与外部环境，在界面上存在着显性或者隐性的间隙，使得不同的系统之间以及系统与外部环境之间能够相互渗透和交流。

（三）界面的动态性

集成单元间的关系是变化的。对组织而言，也是同样的。交流的主体间关系的变化必然影响主体间的接触状况，即影响界面的性状。由此可见，界面是随着继承单元的内在特征和行为的变化而变化的[181]。

从系统论的角度去考察，可以发现，系统与外部环境都在不断地发生变化，这就造成了系统与系统之间、系统与外部环境之间的界面具有动态性特征。

（四）界面的系统性

系统是多个单项的综合集成，系统本身就具备系统性。而外部环境中则包含了大量的其他系统，同时，任何一个系统的环境中原则上都包含无穷多的事物，依据普遍联系的原则，这些事物之间存在普遍联系，包括以该系统为中介而相互之间发生的联系；因此，环境也是一种同时具有多元性和关联性的总体，也即系统。系统和外部环境的系统性，决定了联系二者以及各自本身的界面同样也具备系统性。

三、界面障碍及界面矛盾

界面的存在使得不同的系统以及系统与外部环境之间在进行交流时会形成一定的障碍，但是界面的可渗透性的存在使得不同的系统之间以及系统与外部环境之间能够相互渗透和交流。而进行交流的过程往往会受到一些阻力的制约，导致界面各方不能顺利地进行交流，这就是界面障碍。所谓界面障碍，是指在客观上对界面双方交互过程中有消极影响的既有状态的总和[182]。导致界面障碍存在的因素有很多，从不同的理论角度去分析，界面障碍可大致分为物质技术障碍、组织障碍和人为障碍三种。

正是界面障碍的存在，使得不同的系统或者系统与环境之间会在处理界面障碍的问题上产生分歧，从而导致所谓的"界面矛盾"的产生。可以看到，界面障碍和界面矛盾的存在，会给整个系统的和谐造成很大的影响。解决界面障碍和界面矛盾，首先需要分析界面障碍和界面矛盾产生的原因。

前人对界面障碍和界面矛盾产生和存在的原因，从不同的角度进行了分析与探讨。这些探讨虽然侧重点和思路有所不同，但是都可以归纳到信息论这个层面上。本书将集中从信息不对称的角度，分析界面障碍和界面矛盾产生和存在的原因。

信息不对称理论是信息经济学研究的一个核心内容，用来说明在不完全信息市场上，相关信息在交易双方的不对称分布对市场交易行为的影响，以及由此而产生的市场运行效率问题。经济学认为，在现实的经济环境中，对于个别行为者而言，他所掌握的与某一交易行为和交易结果有关的信息都可分为两个部分：一部分是所有行为者或当事人双方都了解的信息，称为公共信息；另一部分则是只有某个行为者自己知道，其他行为者或对方当事人所不了解的信息，称之为私人信息。如果当事人双方各自拥有私人信息，就形成了信息不对称，所以说私人信息的存在是信息不对称产生的原因。

正是信息不对称的存在，使得在经济活动中，会产生信息不对称理论中两个核心内容——逆向选择和道德风险。逆向选择，是指掌握信息较多的一方利用相对方信息占有的劣势，而产生的隐瞒相关信息，获取额外利益的动机，客观上导致不合理的市场分配的行为；道德风险，也称为败德行为，是指占有信息优势的一方为自身利益而故意隐藏相关信息，对另一方造成损害的行为。

界面的客观存在使得界面的双方在信息的占有上会有一定的差异，同时各方分别拥有私人信息，使得界面的双方存在着信息不对称。同时，沟通和协调机制的不健全、各方的利益冲突的存在，使得界面各方均是经济人，具有经济理性。这样导致了界面各方交流的阻塞，造成界面障碍和界面矛盾。

为了能够更加直观地说明界面障碍及界面矛盾的产生机理，下面用图2.2进行说明。

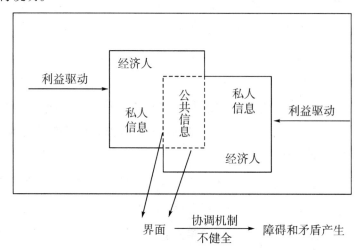

图2.2 界面障碍与界面矛盾产生机理

四、"正界面"及"负界面"概念的提出

哲学上讲，任何事物都是一分为二的。以技术活动为例，技术是一把"双刃剑"，它给人类带来巨大福祉的同时，也给人类生存和发展造成威胁。技术活动对人类社会产生的结果和影响被称为技术效应，对于人类社会而言，技术效应有两个方面：一方面是产生对人类社会有益的作用，另一方面是产生对人类社会有害的作用。技术对人类社会所产生的有益的结果被称为正效应，技术对人类社会的危害和不良影响被称为负效应。在现代社会中，技术与社会的联系不断增强，技术负效应也不断增大，对社会破坏的范围也不断增大，并且，技术负效应不仅表现在社会的政治、经济、文化方面，而且与社会个体成员有直接密切的联系[183]。

从这个层面分析，界面的存在同样也会带来两个方面的影响：一方面，界面将系统与外部环境及系统与系统分隔开来，从管理的角度来讲，这样有利于职责的划分和明确；另一方面，界面的客观存在也使得不同的系统及系统与外部环境在进行交流时，会造成一定的障碍，导致不同系统以及系统与外部环境之间产生矛盾，影响整个系统的稳定与和谐。

基于此，本书将界面存在所产生的效应分为正效应和负效应，把由于界面的存在而产生的对整个系统的稳定和发展有利的效应，称为"正界面"，把由于界面的存在而产生的对整个系统的稳定和发展不利的效应，称为"负界面"。

五、界面管理的内涵及内容

可以看到，界面的客观存在对于整个系统而言，既会带来正面效果，又会产生不利的影响，降低系统工作的效率。为了能够保持系统正常、高效运转，维护系统与外部环境以及系统内部的和谐，就需要对界面进行干预，解决界面障碍与界面矛盾，抑制"负界面"发挥作用，发挥"正界面"的作用，这个过程就是界面管理。

界面管理是属于管理学的范畴，但同时针对不同专业、不同背景的界

面，又涉及各自不同领域。可以说，界面管理涉及较为广泛的知识领域，对界面管理的探讨，不能仅仅停留在管理学的角度，而应综合系统论、经济学、管理学、决策论等方面的知识，探讨解决界面障碍及界面矛盾的出路，构建实用有效的界面协调机制。

第二节　大型建设项目的定义及业主方的管理职能分析

一、大型建设项目的定义及特点

大型建设项目一般是指投资额大、建设周期长、内部结构复杂、涉及因素众多的工程。住房和城乡建设部对不同专业类别的大型工程的标准进行了规定，下面以房屋建筑工程和港口与航道工程为例来说明大型工程的标准：

对于房屋建筑工程而言，符合以下标准之一的工程项目则为大型建设工程：①25 层以上（含）的房屋建筑工程；②高度 100 米以上的构筑物或建筑物工程；③单体建筑面积 3 万平方米以上的房屋建筑工程；④单跨跨度 30 米以上的房屋建筑工程；⑤建筑面积 10 万平方米以上的住宅小区或建筑群体工程；⑥单项建筑安装工程合同额 1 亿元以上的房屋建筑工程；⑦深度 15 米以上，且单项工程合同额 1 000 万元以上的软弱地基处理工程；⑧单桩承受荷载 6 000 千牛以上，且单项工程额 1 000 万元的深大基坑维护及土石方工程；⑨深度 11 米以上，且单项工程合同额 1 000 万元的深大基坑维护及土石方工程；⑩钢结构重量 1 000 吨以上，且钢结构建筑面积 2 万平方米以上的钢结构工程；⑪网架结构重量 300 吨以上，且网架结构建筑面积 5 000 平方米以上，且网架边长 70 米以上的网架工程。

对于港口与航道工程而言，符合以下标准之一的工程项目则为大型建设工程：①沿海 1 万吨或内河 1 000 吨级以上的码头工程；②1 万吨级以上的船坞工程；③水深大于 3 米，堤长 300 米以上的防波堤工程；④沿海 2 万吨级或内河 300 吨级以上的航道工程；⑤300 吨级以上的船闸或 50 吨级以上的升船机工程；⑥200万立方米以上的疏浚、吹填工程；⑦10万平方米以上的港区堆场工程；⑧单项工程合同额沿海4 000万元以上或内河2 000万元以上的港口与航道工程。

从大型房屋建筑工程和港口与航道工程的标准中不难看出，大型建设项目除具备一般工程项目的一次性、独特性、目标明确性和目标约束性之外，还具有大型建设项目自身的特点：

第一，大型建设项目规模庞大，属于复杂系统范畴。从系统论角度出发，如果将大型建设项目看成是一个系统，其内部的子系统较为复杂，并且系统的外部环境也呈现出复杂多变的特性。大型建设项目投资额巨大，建设的周期也较长，同时项目建设的参与方众多，这些因素导致了整个大型建设项目的系统较为复杂，控制难度很大。

第二，大型建设项目面临着比一般工程项目更为广泛的风险。大型建设项目更为复杂，经历的时间更长，涉及面更广，因而在大型建设项目的投资决策、设计、施工、移交以及运行的各个阶段都有可能遭受来自政治、自然、经济、社会等各个方面更为广泛的风险，并且在预防和处理这些风险时要付出更高的代价。

二、业主方在大型建设项目中的管理职能分析

在一个工程项目的建设中，无论该工程的规模如何，参与工程项目建设的各方，均在进行着项目管理，但业主（或委托的建设单位）的项目管理是其中的主体，处于主导地位。美国项目管理学会（PMI）制定的项目管理知识体系（PMBOK）中，将项目管理的知识划分为范围管理、时间管理、费用管理、质量管理、人力资源管理、沟通管理、风险管理、采购管理及整体管理九个领域，业主在进行工程项目的管理过程中，要结合工程的实际情况，通过采取一定的管理措施、手段和方法，确保工程建设的顺利实施。业主在工程建设各阶段的项目管理的职能如下：

（一）工程项目前期规划和可行性研究阶段的主要工作

在项目的前期规划和可行性研究阶段，业主委托咨询工程师进行项目

的规划和可行性研究，具体内容一般包括：工程项目建设条件分析，包括资源条件、交通运输条件、经济社会发展条件等的分析；工程建设可能存在的问题及对生态环境的影响等的分析；工程项目目标系统的建立与分析；工程进度及资金筹措的安排；提出工程项目建议书；进行项目的可行性研究。

（二）工程设计阶段的工作内容

该阶段业主项目管理的主要工作是委托设计单位对工程项目进行规划设计，并对下列一些环节进行审核或控制：工程建设选址；工程项目总体策划，包括确定项目开发目标、项目总体方案和总体设计；工程项目实施计划，包括总工期计划、资源计划；工程项目投资概预算，资金需求计划；工程主体结构设计；工程项目建设管理系统规划，包括工程项目分标设计、发包方式和管理模式选择、组织机构设计等。

（三）工程招标阶段的工作内容

业主该阶段管理工作的主要任务包括：合同策划，包括招标范围的定义、合同文件的选择、招标文件的起草等；实施招标，包括对投标人的资格预审、组织现场踏勘和标前会议、进行开标；组织评标；确定中标单位；分析合同风险，并制定排除风险的策略。

（四）工程施工阶段的工作内容

该阶段业主项目管理的主要任务是进行目标控制和合同管理，具体包括：施工准备工作的目标控制，包括现场准备、技术准备、资源准备等，为开工做好充分的准备；工程质量控制，包括承包商质量保证体系的审核、工程材料和设备的质量验收、施工质量监督和工程中间验收、对已完工工程组织完工验收等；工程进度控制，包括承包商施工组织设计和进度计划的审核、对施工进度进行分析、督促承包商按计划完成工程、处理工期索赔等；工程投资控制，包括严格进行计量支付、控制合同价格调整、控制工程变更而引起的价格变化、处理费用索赔等；工程合同管理，包括审查分包合同和分包商、控制工程变更和索赔、科学处理合同争端等；组织协调，做好项目内部及项目外部的各种协调工作；工程项目竣工验收和后评估，包括按规范组织工程竣工验收、进行工程建设总结、组织项目审计、进行项目的全面评估。

上面谈到的这些职能，是在所有规模的工程项目中，业主都要面临的。对于大型建设项目而言，整个系统较为复杂，项目建设的参与方众多，因此，业主方在进行管理时，对沟通的能力要求较高。换言之，在大型项目实施过程中，业主方必须拥有较强的协调能力，才能确保大型建设项目的顺利实施。

第三节　大型建设项目界面及界面管理概述

一、工程建设项目界面的分类

在工程项目中界面作为项目的系统特性具有十分广泛的意义，项目的各类系统，如目标系统、技术系统、行为系统、组织系统等，它们的系统单元之间，以及系统与环境之间都存在界面。

在工程项目建设中主要存在以下几类界面[184]：

（一）目标系统的界面

目标因素之间在性质上、范围上互相区别，但它们之间有的互相联系，有的相互依存，有的则存在着冲突。

（二）技术系统的界面

项目单元在技术上最明显的联系是专业上的依赖和制约关系。工程技术系统在一定的空间内存在并起作用，因此，完成这些任务的活动也必然存在空间上的联系。各个功能界面之间、各个车间之间以及生产区域之间都存在技术上的区别与复杂的联系，它们共同构成一个有序的工程技术系统。

（三）行为系统的界面

行为系统的界面最主要的关注方面是工程活动之间的逻辑关系，通过分析项目单元之间联系，将项目还原成一个整体，这样可以将静态的项目结构转化成一个动态的过程。在行为系统中，里程碑事件都位于界面处，在项目阶段的界面上，各种管理工作最活跃，也最重要。

（四）组织系统的界面

组织界面的涉及面很广：项目组织划分不同的单位和部门，它们各自有不同的任务、责任和权利，就会形成界面问题，需要协调；同时不同的组织有不同的目标、组织行为和处理问题的风格，其之间有着复杂的工作交往、信息交往和资源交往；签订合同实际上也是一种关键性的组织界面活动。

二、大型建设项目界面管理概念的界定

建设项目是由人流、物流、资金流和信息流组成的系统，项目的界面比较复杂，尤其是大型工程。大型建设项目都存在共同的特性，包括投资多、工程量大、工期紧，多个单位工程或单项工程同时施工或依次施工，往往由很多承包商、很多供应商共同参与[185]。另外，大型建设项目技术较一般的工程大，因而其建设的过程也较为复杂。在大型建设项目建设过程中，各不同的参与方在界面处容易发生冲突和矛盾，同时在项目建设的程序的交接处，也容易引起争端。为了确保大型建设项目的顺利实施，有必要对大型建设项目实施中的各参与方之间存在的信息不畅和冲突进行管理，实现各参与方在信息、技术、资源等方面的交流合作。

三、大型建设项目业主方界面管理的内容

根据上面对工程建设项目中存在的界面以及大型建设项目界面管理概念的介绍，可以看到，业主方对大型建设项目进行界面管理，主要针对大型建设项目实施过程中，不同系统之间存在的差异性所造成的冲突进行管理，以确保项目的顺利实施。作为项目建设的核心，一般而言，大型建设项目业主方界面管理涉及以下几个方面的内容：①合理进行工程项目结构分解和标段划分，确保各分包商及不同工种之间的协调；②做好大型工程建设项目实施过程中不同的单位和部门之间权利和责任的分配，合理确定各组织、各部门之间的目标；③疏通与外部环境组织之间的关系，把来自

环境的外部干扰减至最小。界面管理的核心就是协调和沟通，因此在大型项目建设过程中，应重点解决好协调机制问题。

四、大型建设项目业主方组织界面管理概念的界定

（一）大型建设项目组织界面管理的概念

大型项目的建设是一个系统、复杂的工程，需要由多个参与方共同协作，才能完成项目的既定目标，以确保大型建设项目的顺利实施。大型建设项目中的参与方，由于各自的任务、责任和权利不同，处理问题的方法和程序等也会有所差异，它们会形成相应的界面，这些界面需要协调。可以认为，大型建设项目组织界面管理是指为了完成大型建设项目建设的预期目标，项目各个参与方之间在信息、技术、资源、财务等方面进行广泛的交流与合作，相互配合，协调各方利益关系，以保证大型建设项目的顺利实施。

本书也将组织界面管理称为组织界面整合。

（二）大型建设项目组织界面管理的内容及步骤

从大型建设项目组织界面管理的概念的诠释中可以看到，大型建设项目组织界面管理重要的一方面就是建立大型建设项目各参与方之间的协调机制，在各方共同认可的协调机制的平台下，实施大型项目建设工作。

一般而言，大型建设项目组织界面管理的步骤主要有以下几个方面：

1. 大型建设项目组织界面的识别

对大型建设项目组织界面进行管理，首要的环节就是要识别出大型建设项目中存在的组织界面，只有这样，才能针对不同的界面确定各自不同的协调方法。

2. 大型建设项目组织界面障碍及界面矛盾的认知

在识别出大型建设项目实施过程中所存在的界面后，需要对各个界面上存在的界面障碍和界面矛盾进行分析，找到各自存在的问题。

3. 大型建设项目组织界面障碍及界面矛盾的解决

在识别出大型建设项目组织界面以及各自的界面障碍和界面矛盾后，

下面的任务就是要着手解决这些问题，通过提升相关参与方的界面管理能力，共同解决项目实施过程中所存在的界面矛盾和界面障碍，保证项目顺利实施。

4. 大型建设项目组织界面管理绩效评价

在对建立的大型建设项目组织界面协调机制进行实际应用后，需要考察这些机制在项目管理中的实际效果，总结出项目组织界面管理的经验，找出不足之处，以利于今后改进。

第四节　大型建设项目业主方界面管理基础理论

一、大型建设项目业主方界面识别方法

业主在对大型建设项目界面进行管理时，首先应分析其存在的界面，这是界面管理的首要步骤。只有明确了界面后，才能针对不同界面的特点，分析解决界面冲突和矛盾的办法，从而对界面进行有效控制和管理。

从不同角度分析大型建设项目实施过程中所存在的界面，需要用到不同的方法。一般而言，大型建设项目界面的识别方法有故障树分析法（fault tree analysis，FTA）、因果分析图法、工作分解结构（work breakdown structure，WBS）、流程图法等。

本书在对大型建设项目建设过程中存在的界面进行识别时，将采用工作分解结构，通过对大型建设项目实施过程的分解以及各个实施过程内部的实施过程，寻找到其界面所在之处；在对大型建设项目实施过程中存在的组织界面进行分析时，则采取故障树分析法，通过对大型建设项目实施过程中常见问题起因的分析，寻找到组织界面之所在。

二、博弈理论及在本书中的应用

博弈理论（game theory），又称为对策论，作为现代数学的一个重要的分支和新的领域，主要是在考虑个体的预测行为和实际行为的基础上，研

究竞争性质现象及本质，并提出相应的优化策略。博弈论主要研究公式化了的激励结构间的相互作用，是研究具有斗争或竞争性质现象的数学理论和方法。博弈论考虑游戏中的个体的预测行为和实际行为，并研究它们的优化策略。博弈论对于策略和利益的分析把握较好，因此，在经济学、政治学、军事学、国家关系学、管理学等领域，都获得了广泛的应用。博弈理论有很多类型，例如，合作博弈和非合作博弈、完全信息博弈和不完全信息博弈、静态博弈和动态博弈等。

三、故障树分析法及在本书中的应用

故障树分析法是进行系统可靠性分析和安全性分析的重要工具之一。1961 年，美国贝尔实验室提出了故障树分析法，并首先将其应用于研究美国空军民兵式火箭控制系统的可靠性研究。目前，故障树分析法的应用已逐渐从航空、航天、核能等领域扩展到电子、化工、机械、交通乃至土木建筑等民用领域[186]。

故障树分析法是研究引起系统发生故障的各种直接或间接的原因，并在这些原因之间建立逻辑关系，用逻辑框图（故障树）表示的一种方法。故障树是故障树分析法的核心，其本质是一种倒立树状的逻辑因果关系图，其由各种事件符号、逻辑门符号、其他一些符号以及一些线条组成，故障树描述了系统中各种事件之间的因果关系[187]。

运用故障树分析法进行分析时，首先，定义系统边界、初始条件和顶事件（最不希望事件）；其次，建造故障树，也就是要确定引起顶事件发生的直接原因事件（中间事件），并在顶事件和中间事件之间根据逻辑关系用逻辑门将两者联结起来，再用适当的逻辑门将引起中间事件的直接原因事件联结起来，以此类推，直到被考虑的事件是基本或不发展事件（底事件）；最后，运用相关的方法对建造的故障树进行分析。

第五节　本章小结

在界定大型建设项目业主方组织界面整合度及整合度概念和对界面进行相关研究之前，需要先对界面及界面管理的相关概念的内涵进行诠释。本章先对界面的定义做出描述，并从系统论的角度对界面的内涵及本质进行了分析。根据界面内涵的界定，本章发现了界面的特征，还从信息不对称的角度分析了界面障碍和界面矛盾产生和存在的原因。本章根据事物的两面性，提出了"正界面"和"负界面"的概念，从而引出界面管理的内涵及内容。同时，本章也对大型建设项目进行了定义和特点的描述，并由此对业主方在大型建设项目中的管理职能进行分析。接下来，结合大型建设项目和界面，本章对大型建设项目界面和界面管理的内容和相关概念进行了界定。最后本章采用工作分解结构寻找界面所在，并采用故障树分析法寻找组织界面。本章对相关概念的界定，为接下来对大型建设项目界面管理的相关研究分析奠定理论基础。

第四章　DBB 模式下大型建设项目业主方行为界面管理研究

第一节　大型建设项目业主方行为界面管理的概念和内容

一、大型建设项目业主方行为界面管理的概念

大型建设项目一般采用设计—招投标—施工（design - bid - build，DBB）模式，该模式是一种传统的模式，在国际上比较通用。世界银行、亚洲开发银行贷款项目和采用国际咨询工程师联合会（FIDIC）的合同条件的项目均采用这种模式。这种模式最突出的特点是强调工程项目实施必须按设计—招标—施工的顺序方式进行，只有一个阶段结束后另一个阶段才能开始。当采用这种方法时，业主方与设计机构（建筑师或工程师）签订专业服务合同，建筑师/工程师负责提供项目设计和施工文件。在设计机构的协助下，通过竞争性招标业主方将工程施工任务交给报价和质量都满足要求或最具资质的投标人（总承包商）去完成。

大型建设项目的实施是一个整体性的过程。在 DBB 模式下，大型建设项目的建设要经历项目建议书、可行性研究、设计招标、设计、施工招标、施工实施等一系列的过程，而项目实施的里程碑事件都是处于这些过程的界面处，从前一阶段到下一阶段的转变过程中，会面临着一些挑战，需要事先做好充分的准备。同时，在各个实施过程内部，也都包含着不同

的实施过程，在交接时同样也需要做好充分的准备，这些都是行为界面管理的内容。

基于上述分析，可以这样定义大型建设项目业主方行为界面管理，即在DBB模式下，业主方为了确保大型建设项目按照既定目标和计划顺利实施，分析项目实施过程的阶段及各阶段内部包含的工序，对各阶段之间及阶段内部包含的工序之间的界面进行识别、分析，在此基础上提出相应的界面协调方法的活动。

二、大型建设项目业主方行为界面管理的内容及步骤

大型建设项目业主方行为管理的主要内容是在识别出项目实施过程的阶段及各阶段内部工序的基础上，针对不同阶段之间及内部工序之间的界面，寻找相应的管理方法，解决界面矛盾，确保大型建设项目按照程序顺利实施。

一般而言，在DBB模式下，业主方对行为界面管理应遵循以下几个步骤来进行：

第一，大型建设项目全寿命周期的划分。针对大型建设项目的特点，按照系统生命期的原理，将大型建设项目划分为若干阶段。

第二，大型建设项目全寿命周期各阶段内部工序的识别。在对大型建设项目进行全寿命周期的划分后，对各阶段进行工作分解结构，按照过程化的方法寻找各阶段内部的工序。

第三，大型建设项目全寿命周期各阶段之间及各阶段内部工序间界面障碍及界面矛盾的识别。在对大型建设项目全寿命周期阶段的划分及各阶段内部工序的识别后，下面的工作就是分析这些界面处容易发生的界面矛盾所在。

第四，大型建设项目界面矛盾的解决。针对不同阶段及阶段内部工序间界面矛盾，提出相应的解决思路。

第二节　DBB 模式下大型建设项目实施过程分析

一、DBB 模式下大型建设项目全寿命周期的阶段划分

大型建设项目的内部管理工作比一般的工程更为复杂。就其建设程序而言，大型建设项目在某些阶段可能要复杂些，但是总体上与一般工程项目的建设过程是一样的。对项目由构思到结束的过程，按照大型建设项目的主要阶段流程进行工作分解结构，可以得出大型建设项目全寿命周期可以划分为四个阶段，即前期策划决策阶段、规划设计阶段、施工实施阶段以及结束阶段。据此，我们可以将大型建设项目的全寿命周期用一个流程图来表示，见图 3.1。

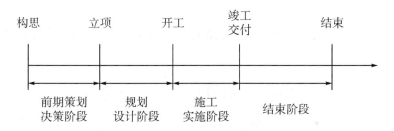

图 3.1　大型建设项目全寿命周期的阶段划分

二、DBB 模式下大型建设项目全寿命周期各阶段的任务

（一）前期策划决策阶段的任务

前期策划决策阶段主要是从工程项目构思到项目批准，到正式立项为止。前期工作是基本建设程序中一个非常重要的阶段，在该阶段，要完成项目的构思、完成项目的预期总体目标的制定，提出项目的建议书，完成项目的可行性研究，同时还要按照相关的管理权限提请有关部门对可研报告进行审批。

（二）规划设计阶段的任务

从项目的立项到工程开工属于项目的规划设计阶段。规划设计阶段的任务主要是将前期决策的思想具体化，并通过设计文件，如工程图纸、模型等，对拟建项目系统地进行描述。

（三）施工实施阶段的任务

施工实施阶段是从工程开工到工程竣工。这个阶段是项目建设最核心的部分，也是最复杂的部分。在该阶段中，大型建设项目的施工方、设计方以及政府部门通力合作，完成各自的任务，逐步完成大型建设项目从设计到施工的工作。

（四）结束阶段的任务

在大型建设项目竣工后，大型建设项目还面临着工程的检查、接收、交付使用以及建设效果的评价等方面的任务。

第三节 DBB 模式下大型建设项目行为界面矛盾的识别

为了能够更加直观地反映出在 DBB 模式下大型建设项目的建设过程，及各阶段的任务，以更好地识别行为界面矛盾，笔者将大型建设项目各阶段的任务进行工作结构分解，并将可能存在界面矛盾的地方标识出来，见图 3.2。

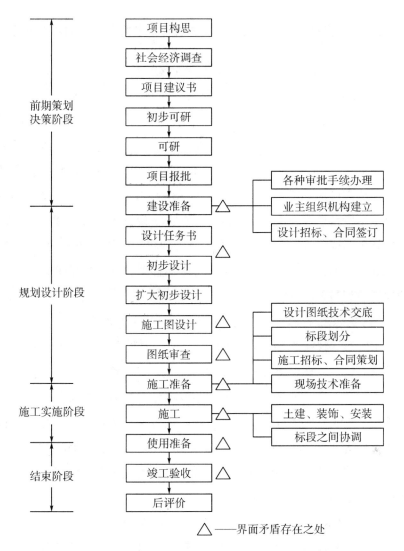

△——界面矛盾存在之处

图 3.2 DBB 模式下大型建设项目工作分解结构及界面

从图 3.2 可以明显地看到,在 DBB 模式下,大型建设项目的行为界面主要集中在建设准备、施工准备、使用准备以及设计和审查过程中。业主方必须注重发生在这些界面上的矛盾,找到相应的解决思路和方法,确保大型建设项目按照既定的流程实施。

一、DBB 模式下大型建设项目实施过程中各阶段之间的界面矛盾

（一）前期策划决策阶段与规划设计阶段之间的界面矛盾

上文提到，规划设计阶段的任务是要将项目前期决策的思想通过图纸、模型等手段表现出来。在前期策划决策阶段，由于项目还在探讨解决，尚未决定是否实施，这时候，业主方的相关机构并没有设置，相关的审批手续也没有办理，而进行规划设计需要得到政府相关部门的审批文件，如用地许可证、工程建设规划许可证；另外，还有一些审批手续需要由项目业主所在单位批准。除此以外，在进行设计前，大型建设项目需要通过公开招标或者委托招标的方式选择设计单位，设计单位的合适与否、前期规划设计的思想是否与政府法律法规相违背，直接影响着规划设计阶段的进展顺利与否。

（二）规划设计阶段与施工实施阶段之间的界面矛盾

施工实施阶段是将项目规划设计的图纸和模型具体实施出来。因而，项目的规划设计方案将直接影响着项目施工的安全性和美观性。同时，对于业主方而言，在一般情况下，大型建设项目需要多个施工方共同参与完成，因而规划设计完成后，业主方面临着确定项目工作范围、划分工程标段、选择合适的承包商和供应商，以及解决相关合同的策划问题。另外，在施工实施前，施工方对设计方设计的理解程度也将在很大程度上影响着工程施工实施质量。

（三）施工实施阶段与结束阶段之间的界面矛盾

项目结束阶段是对项目施工实施过程的总结，也是项目发挥作用的阶段。对于项目结束阶段而言，施工实施阶段完成情况的好坏将直接影响着项目使用的效率与安全性的高低，也决定着项目运营过程中维护管理成本的多少。

二、DBB 模式下大型建设项目实施过程中各阶段内部程序间的界面矛盾

(一) 前期策划决策阶段内部各程序间的界面矛盾

在前期策划决策阶段，业主方面临着项目构思、项目预期目标确定、总体方案策划、项目建议书编制、项目可行性研究及项目的报送审批等任务。各个环节都是紧密联系的，前一环节的工作决定着后面环节具体的思路，既关系着项目总体策划的内容，也关系着项目的批准。

(二) 规划设计阶段内部各程序间的界面矛盾

大型建设项目的规划设计阶段一般分为初步设计、扩大初步设计、施工图设计三个阶段，而这三个阶段的设计都要按照业主方提供的设计任务书中的要求进行，而业主方编制的设计任务书可能会出现偏差或者难以理解的地方，会给设计方留下理解上的误区，可能导致设计成果与业主方原意之间存在差别。另外，设计过程牵扯到建筑学、结构、暖通等不同专业，尤其是大型建设项目复杂程度更高，而各专业之间存在着一定的矛盾，因而在各专业之间的配合上会有一定失误。另外，在初步设计时，业主会通过编制总概算确定项目总的建设费用和主要的经济指标，而这些对于设计方的发挥又形成了一定的限制。

(三) 施工实施阶段内部各程序间的界面矛盾

施工实施将大型建设项目从图纸变为实体。较一般的工程，大型建设项目的技术难度和复杂性更高，因而在其施工实施过程中，面临的不确定性也较大，进度、费用和质量控制难度也较大。与一般工程一样，大型建设项目的施工实施也需要按照基础、主体、装饰等程序进行，其中就牵扯到了不同工种之间的搭接问题。在保证质量的前提下，如何加快工程进度，减少施工作业面的闲置率就成为需要解决的问题。另外，大型建设项目一般由多个承包商参与其中，因此，各个承包商之间如何协调，也是业主方须面临的重要课题。

(四) 结束阶段内部各程序间的界面矛盾

结束阶段主要涉及竣工验收、工程结算、运营投产等几个环节的工

作。大型建设项目的施工参与方一般较多，因此，如何确定验收顺序是业主方需要解决的问题。另外，运营投产环节在程序上也会存在一些界面矛盾，但这不属于工程建设项目管理的范畴，因而此处不予探讨。

第四节　DBB 模式下大型建设项目业主方行为界面管理方法

一、大型建设项目实施过程中各阶段之间的行为界面管理方法

（一）前期策划决策阶段与规划设计阶段之间的界面管理方法

解决前期策划决策阶段与规划设计阶段之间的界面矛盾，主要应解决业主方组织管理职能部门的设置及组织结构的设计问题，以及设计单位招标工作的落实，以确保规划设计阶段任务的落实与完成。

在业主方组织管理职能部门设置上，根据大型建设项目的特点及业务任务，在大型建设项目业主方组织管理机构中设置办公室、计划合同部、施工管理部、财务部、招投标部等部门，主要部门的职能和任务如下：

办公室：负责业主方在管理上的日常工作、信息汇总以及业主方经理交代的其他工作。

计划合同部：负责项目可行性研究报告的拟订、相关政府审批文件的办理及合同的制订，检查相关工作是否与政府规章制度相符合等工作。

施工管理部：负责管理工程建设实施过程中的质量、进度等方面。

财务部：负责项目建设资金的落实及发放工作。

招投标部：负责设计单位、施工单位、监理单位等的招标工作。

另外，根据英国管理学家 Urwick 提出的组织设计的八条原则，即目标原则、相符原则、职责原则、组织阶层原则、控制幅度原则、专业化原则、协调原则和明确性原则，并根据大型建设项目的特点，认为大型建设项目采用职能式的组织结构更能够将其管理工作做好。基于此，本书设计的大型建设项目业主方组织结构如图 3.3 所示。

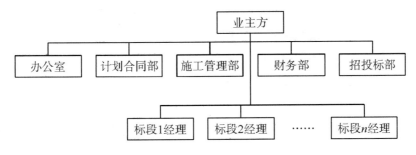

图 3.3　大型建设项目业主方的组织结构

在进行设计实施前，业主方需要通过招标来选择设计方。对于大型建设项目而言，可以实行一次性总体招标，也可以在保证项目完整性、连续性的前提下，按照要求实行分段或分项招标。业主方在招标过程中，应审查好投标单位的资格，在确定投标单位时，应综合考虑技术、经济等方面的因素，确保选择合适的设计方。

同时，在设计合同的拟订时，除了一般性的条款外，业主方还应对限额设计等方面提出相应的要求，确保设计出来的方案的概算在可控制范围内。

（二）规划设计阶段与施工实施阶段之间的界面管理方法

解决规划设计阶段与施工实施阶段之间的界面矛盾，关键是在规划设计完成后，业主方应及时做好工作范围的确定、工程标段的划分、施工单位的选择及安排设计方与施工方之间的技术交底等环节的工作。

业主方在设计单位设计完成后，应组织相关的专家和技术人员对设计图纸的审查及工作范围的确定，在此基础上依照有利于施工管理、有利于提高投资效益、有利于保证工程质量、有利于保证工程工期的原则，根据工程的特点及业主方自身的管理能力，合理划分工程的标段。

在工程标段划分好后，业主方应合理编制招标文件，通过公开招标或者邀请招标的方式，综合考虑技术和经济因素，合理选择施工承包人。

同时，在确定了施工承包人后，业主方应尽快安排设计方与施工方的技术交底工作，确保工程的顺利进行。

（三）施工实施阶段与结束阶段之间的界面管理方法

解决施工实施阶段与结束阶段之间的界面矛盾的关键是在施工结束后，做好竣工验收的准备、相关资料的整理、施工验收顺序的确定以及时间的安排等，为工程从施工实施到竣工验收和交付使用做好准备。

二、大型建设项目实施过程中各阶段内部程序间的行为界面的管理方法

（一）前期策划决策阶段内部各程序间的界面管理方法

前期策划决策阶段是项目思想和大致框架形成的阶段，其对于整个工程项目的建设起着基础性的作用。业主方前期策划决策阶段一般要经历项目构思、项目总体目标确定、项目建议书、可行性研究、项目评估与决策等几个阶段，并且其中一个环节的工作对于下一阶段及对项目整体策划和实施会产生很大的影响，尤其是大型建设项目，社会影响力更大，因此业主方必须慎重对待每一项步骤。首先，业主方对项目进行构思时，大都会在内部形成几种构思，业主方决策层应统筹社会、经济以及业主方的自身实际，合理选择构思方案；其次，在确定了项目的构思后，业主方应根据构思方案，结合实际，合理确定项目总体目标；再次，在编制项目的总体方案和项目建议书时，应充分征求相关专家的意见和建议，确保项目总体方案的可实施性，同时，在编制项目可行性研究报告和进行审批时，应符合政府部门的相关要求，以免因工作的细节失误而延误工程实施的进展；最后，在项目审批下来后，还应再次对项目的整体策划进行评估，结合资金落实情况及其他因素，对总体方案进行优化，保证项目实施的顺利落实。

（二）规划设计阶段内部程序间的界面管理方法

在规划设计阶段，业主方应在充分论证项目总体方案可行性的基础上，编制设计任务书。设计任务书对于设计方而言，就是设计的总体框架，重要程度不言而喻，因此，业主方应高度重视设计任务书的编制，应反复论证设计任务书内容的合理性。同时，在设计单位进行设计时，不论

在哪个设计阶段，业主方都应与设计单位进行广泛的交流，确保设计不偏离项目的总体框架，符合业主方的本意。

另外，项目的设计涉及建筑、结构工程、暖通等多个专业，虽然设计工作的任务是在设计单位单位内完成，但是作为发包方，有权利要求设计单位在设计过程中各不同专业之间紧密合作，通过频繁的沟通与协调，实现各专业设计之间的无缝连接，保证设计的质量。

（三）施工实施阶段内部程序间的界面管理方法

大型建设项目在建设过程中一般由多个承包商同时参与其中，因此，业主方应合理调配好各承包商的工作，确保在施工过程中承包商之间不发生冲突和纠纷。另外，业主方在施工过程中，应督促监理方认真做好对施工单位质量、工期、费用等方面的控制，做好工程施工中对各类风险的预防和控制工作。同时，业主方应检查施工方按照既定工序施工情况，确保工程的质量和进度符合相关要求。

（四）结束阶段内部程序间的界面管理方法

在大型建设项目结束阶段，业主方可以根据项目完成的先后顺序或者重要程度等，合理决定大型建设项目各子项目的验收顺序，并严格按照《建筑工程施工质量验收统一标准》等相关的规定，严格组织工程的竣工验收。

第五节　本章小结

在界定了相关概念后，本章对在 DBB 模式下大型建设项目业主方行为界面管理进行了研究，首先对大型建设项目业主方行为界面管理的概念进行了界定，并且对大型建设项目实施过程进行了分析，对在 DBB 模式下大型建设项目的全寿命周期阶段进行划分，以及各个阶段任务进行了分析描述。本章还利用工作分解结构对在 DBB 模式下大型建设项目业主方行为界面矛盾进行了识别和分析，分别从实施过程中各阶段之间的界面矛盾和实施过程中各阶段内部程序间的界面矛盾两个方面进行分析，同时针对这两个方面分别提出了行为界面管理方法，为接下来对在 DBB 模式下大型建设项目业主方组织界面管理的相关分析研究提供了参考。

第五章　DBB 模式下大型建设项目业主方组织界面管理研究

第一节　大型建设项目组织界面管理的概念和内容

一、大型建设项目组织界面管理的概念

大型项目的建设是一个系统、复杂的工程，需要由多个参与方共同协作，才能完成项目的既定目标，确保大型建设项目的顺利实施。大型建设项目中的参与方各自的任务、责任和权利不同，处理问题的方法和程序等也会有所差异，因而会形成相应的界面，需要对这些界面进行协调。我们可以认为，大型建设项目组织界面管理是指为了完成大型建设项目建设的预期目标，项目各个参与方之间在信息、技术、资源、财务等方面进行广泛的交流与合作，相互配合，协调各方利益关系，以保证大型建设项目的顺利实施。

二、大型建设项目组织界面管理的内容和步骤

从对大型建设项目组织界面管理的概念的诠释中可以看到，大型建设项目组织界面管理的重要内容就是建立大型建设项目各参与方之间的协调机制，在各方共同认可的协调机制的平台下，实施大型项目建设工作。

一般而言，大型建设项目组织界面管理主要有以下几个步骤：

第一，识别大型建设项目组织界面。要对大型建设项目组织界面进行管理，首要的环节就是识别出大型建设项目中存在的组织界面，只有这样，才能针对不同的界面确定各自不同的协调方法。

第二，认识大型建设项目组织界面障碍及界面矛盾。在识别出大型建设项目实施过程中所存在的界面后，需要对各个界面上存在的界面障碍和界面矛盾进行分析，找到各自存在的问题。

第三，建立大型建设项目组织界面协调机制。在识别出大型建设项目组织界面以及各自的界面障碍和界面矛盾后，下面的任务就是要着手解决这些问题，建立相应的协调机制，保证项目的顺利实施。

第四，做出大型建设项目组织界面管理绩效评价。在对建立的大型建设项目组织界面协调机制进行实际应用后，需要考察这些机制在项目管理中的实际效果，总结出项目组织界面管理中的经验，寻找到不足之处，以利于今后的改进。

第二节　大型建设项目组织界面的识别

一、大型建设项目实施过程中常见的问题

大型建设项目较为复杂，因此，在大型建设项目实施过程中，经常会遇到一些问题，导致项目的建设不能完全按照既定的目标进展下去。虽然在大型建设项目实施过程中常见的问题较多，但总体上，可以归纳为项目质量问题、项目进展不畅以及项目投资问题三个方面。

（一）项目质量问题

一般而言，根据质量问题的严重性，建设项目质量问题可以分为质量缺陷和质量事故两类。质量缺陷是指由于人为的或自然的原因，建筑物出现影响美观、正常使用承载力、耐久性和整体稳定性的种种不足的总称；质量事故是指在建筑工程的勘察、设计、施工、监理和使用过程中，由于当事人的过错，建筑工程在安全、适用、经济、美观等方面存在较大的缺

陷，给建设单位（业主方）造成人员伤亡和较大财产损失的事件。

（二）项目进展不畅

一个大型建设项目，在从最初的规划设计阶段，就应该做好了工程进展的大致安排，然而在项目报批、项目可研、项目的勘测设计、项目实施等阶段，都会受到一些因素的制约，从而使得项目实施的进度不能够按照既定的计划开展。大型建设项目涉及的方面更为复杂，因此，在进展上较一般的工程项目更具有不确定性。

（三）项目投资问题

许多工程项目，特别是经营性工程项目的开发是以发展经济或是以最大化工程项目投资方利益为目的，即使是政府投资的公益性工程项目，政府对工程项目的经济性也特别关注[188]。大型工程项目的投资一般都较大，因此，在投资决策、资金落实、工程实施费用控制上的难度较大，经常会出现资金落实不到位或者是资金控制上的问题，影响整个工程项目的实施。

二、基于 FTA 的大型建设项目组织界面识别

下面运用 FTA，分析大型建设项目实施过程中的常见问题发生的原因。大型建设项目实施过程中常见问题发生原因的分析结果见图 4.1。

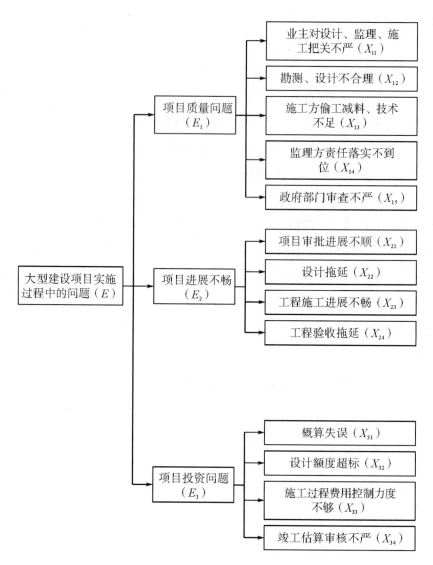

图 4.1 大型建设项目实施过程中常见问题发生原因的分析结果

根据图 4.1 的分析结果，绘出大型建设项目实施过程中常见问题的故障树分析图，见图 4.2。

从图 4.2 中的故障树分析图可以看到，任何一项底部事件的发生，都会导致顶部事件（大型建设项目实施出现问题）的发生。要确保大型建设项目的顺利实施，必须控制好每一个底部事件。

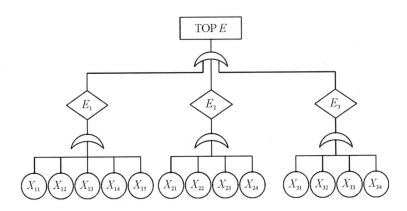

图 4.2 大型建设项目实施过程中常见问题的故障树分析

从业主方角度来考察，我们可以将可能导致大型建设项目实施出现问题的业主方的因素归纳为两个方面：一是业主方内部权责不清，责任心不强；二是业主方与其他的项目参与方之间协调力度不够，没有形成较好的争端协调机制，导致项目的实施产生一系列的问题。

可以将第二个方面归结为业主方与其他项目参与方之间的界面问题，也就是所谓的项目建设过程中的组织界面问题。为了保证大型建设项目的顺利实施，必须在认清这些界面的基础上，提出相应的协调机制。

三、大型建设项目实施过程中业主方与各参与方的界面矛盾分析

大型建设项目实施过程涉及众多的参与方，其中政府部门、勘测设计单位、监理方建筑施工单位等参与方是项目实施过程中主要的参与方，它们与业主方通力配合，才能保证大型建设项目的顺利实施。然而在大型建设项目实施过程中，各参与方与业主方之间的出发点不同，权利和义务也不同，因而会与业主方产生冲突，也就是界面矛盾。认清大型建设项目实施过程中业主方与各参与方之间的界面矛盾，是解决项目实施过程中业主方与各参与方之间的界面矛盾的首要前提。

（一）业主方与政府部门之间的界面矛盾

大型建设项目一般投资都比较大，在社会上的影响力也较大，因此，大型建设项目从构思、立项直到实施，政府部门都参与其中。一般而言，

政府部门在大型建设项目实施过程中实行强制性监督和管理的职能，以维护社会公共利益。政府部门制定了相关的建设项目管理的法规文件，要求项目实施过程中需要遵循相关的规章制度；在项目立项时，需要得到政府项目部门的审批，项目才能正式立项；目前各地建设部门均成立了审查办公室，工程项目的设计图纸也要经过该机构的审核；在项目实施过程中，政府部门参与各个环节的验收工作，监督工程的质量和进度完成情况；在项目竣工验收时，也需要得到政府部门的审查和认可；大型建设项目很多都是关系到国计民生的工程，因此在项目建成投产后，政府部门也会监督大型建设项目的运行情况。可以看到，政府部门在大型项目实施过程中承担着监管者的角色，自始至终，政府部门与业主都发生着直接的接触。

为了能够更加直观地反映出业主方在大型建设项目实施过程中与政府部门之间的界面矛盾，下面用图 4.3 来进行说明。

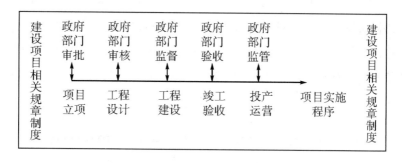

图 4.3 大型建设项目实施过程中业主方与政府部门之间的界面矛盾

从图 4.3 可以直观地看出，大型建设项目在实施过程中，始终会受到政府所制定的相关规章制度的约束，在程序上和行为上也会受到政府部门的制约。制约的存在使得业主方在建设大型项目时会产生相应的成本，因此，业主方在这些层面会与政府部门形成矛盾。

（二）业主方与勘测设计单位之间的界面矛盾

在项目立项后，下面面临的问题便是项目的勘测设计问题。一般而言，大型建设项目的设计要经历三个阶段：大纲设计（初步设计）、概念设计（扩大初步设计）、策划设计（施工图设计）三个阶段。大纲设计（初步设计）是研究拟建项目在技术上的可靠性和经济上的合理性，对设计的项目做出基本技术规定；概念设计（扩大初步设计）是根据项目初步设计进行编制，具体确定项目的初步设计中的主要技术问题；策划设计（施工图设计）是在技术设计的基础上，将设计的工程加以形象化、具体化[189]。在大型建设项目设计过程中，参与项目建设的各方在不同阶段参与的程度不同，可以用下面的图4.4来示意。

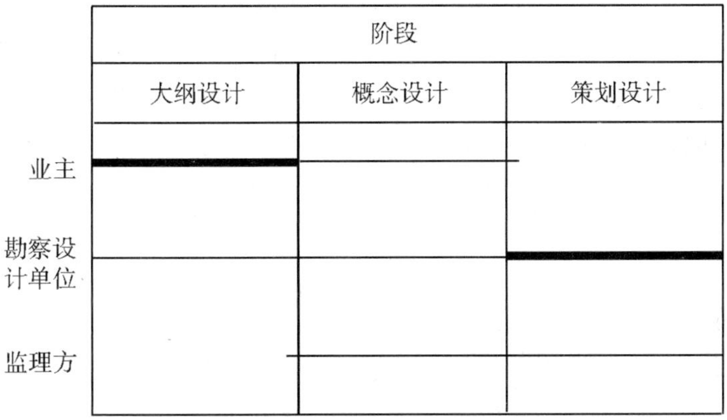

阶段		
大纲设计	概念设计	策划设计

业主

勘察设
计单位

监理方

图4.4　项目参与方在不同设计阶段的参与程度

图4.4中线段的粗细程度代表了参与程度的高低。可以看到，业主方在大纲设计阶段起着决定性的作用，也就是说，在大型项目建设过程中，业主方对于项目基本情况起着总体把握作用，明确项目的基本方向；而在概念设计和策划设计阶段，业主方能够发挥的作用较小。此时，勘测设计单位则承担了项目的设计工作，将业主方的基本思想用图纸表现出来。

正是业主方与勘测设计单位的分工不同，以及二者之间信息不对称现象的存在，使得项目在设计过程中经常会出现一些争端，也就是所谓的界面矛盾。对大型建设项目而言，勘测设计在很大程度上决定了工程项目的可靠性、适用性与经济性。然而在项目设计的过程中，因设计质量差，经常会出现因设计变更费用额度增加、设计进度和质量难以保证、因设计失误突破限额等情况。同时，勘测设计单位会因为业主方设计任务书内容随意、缺乏科学性、设计目标定位不清、资料提供不完备的问题，最后的设计成果与实际要求不相符合，从而导致业主方与设计方之间产生纠纷。这些都是界面矛盾所在。

另外，根据前人的研究分析，设计阶段对工程造价的影响程度达到了70%～90%，因此，在设计阶段，协调好业主与勘测设计单位之间的界面，对确保大型建设项目的经济性、安全性等均起到较好的作用。

（三）业主方与监理方之间的界面矛盾

住房和城乡建设部颁布的《建设工程监理范围和规模标准规定》中，规定了必须实行监理的建设工程项目的具体范围和规模标准，绝大多数大型建设项目都属于强制监理的范畴。监理单位在业主的委托下，对工程建设项目实施监理，形成了业主方、施工方、监理方三方之间的权、责、利管理，如图4.5所示。

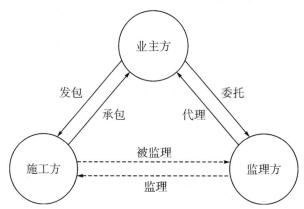

图4.5　业主方、施工方及监理方三方关系

（注：图中虚线表示非合同关系，以及监督与被监督的关系）

一般而言，监理工程师在监理过程中，应做好与业主的沟通和工作交底，按照合同规定规范有序地开展工作，做好监理月报以为业主提供翔实的工作情况等任务。但是在实际工作中，由于监理方与业主方信息的不对称，从业主方选择监理方开始，就存在着道德风险，在施工过程中也经常会出现监理方与承包商互相勾结，欺骗业主方情形。另外，对业主方而言，其自身对监理方认识程度较低，压低监理方费用，导致监理方不能切实发挥自身职能，造成监理方与业主方之间的界面矛盾。

（四）业主方与施工方之间的界面矛盾

在大型建设项目实施过程中，最核心的阶段就是项目的建设实施。对于大型建设项目而言，业主方一般会将工程分包给数个施工单位去实施，由此业主方与施工方之间会形成数个界面。但是对业主方界面管理而言，这些界面均具有其共性之处，可以一并考虑。

当前我国建设市场竞争压力较大，一些承包商为了能够在工程招投标中中标，往往会采取压低工程报价的方式，以希望能够拿到工程承包资格。其在取得工程承包资格后，又会采取偷工减料、降低工程质量、与设计方和监理方合谋、提出施工索赔等方式，弥补投标报价低造成的损失。由于大型建设项目的规模较大、技术性较强，在施工中的难度较大，同时由于大型建设项目的工期一般都比较长，项目在实施中会面临着材料价格变化的情况，存在着很多的不确定性因素。业主方和施工方承包人在项目的实施过程中的目标不同，业主方希望在保证工程质量的前提下，尽可能地减少对工程的投资，尽早完成工程建设；而施工方则希望最大程度地取得经济利润，并不关心工程的质量。目标的不统一导致了业主方与施工方之间存在着较大的界面矛盾。与此同时，在大型建设项目实施过程中，业主方并不能清楚地知道施工方的行动，因而存在信息不对称，使得信息占优的施工方的机会主义倾向容易实现，业主方面临着道德风险。

第三节　大型建设项目业主方各类组织界面管理方法

一、业主方与政府部门界面管理方法

可以看到，在大型建设项目实施的整个过程中，几乎每个阶段都会有政府部门的参与，协调好与政府部门的关系，这对于项目的顺利实施具有很好的推动作用。

一般而言，除了在项目审批过程中，业主方与政府部门之间产生界面矛盾是两者直接接触而发生的外，其他大部分的界面矛盾是其他参与方间接引起的。而政府方做出行动的依据则是相关的法律和规章制度。因此，加强与政府部门间的沟通、与政府部门建立信任机制就显得尤为重要。一

方面，业主方应加强和完善信息的披露制度，及时将工程建设过程中的相关信息报送给政府部门，尽可能减少工程实施过程中的双方之间的信息不对称，让政府主管部门对所建工程项目的实施情况有充分的了解；另一方面，业主方应尝试与政府主管部门建立信任度协调机制，在大型建设项目实施过程中，通过建立相互信任的机制，政府主管部门能够为工程的顺利开展和实施提供制度上的保证，构建一个良好的实施环境。

另外，对业主方而言，其与政府部门协调好关系，还需要加强对自身工作人员建筑市场意识的培养，注重加强工作人员诚实守信意识的教育，保证大型建设项目实施过程中业主方内部流程不出现偏差和漏洞。

二、基于委托—代理理论的业主方对勘测设计方激励机制设计

对大型建设项目而言，勘测设计方的努力程度将在很大程度上关系着项目施工实施阶段的顺利与否、关系着工程建设的经济与否。对业主方而言，要处理好与勘测设计方之间的界面矛盾，一方面是要完善设计任务书的编制过程和内容，确保勘测设计单位在进行设计时能够较好地按照业主方的建设意图来进行设计；另一方面，由于业主方与勘测设计方是委托—代理的关系，业主方应尝试构建对勘测设计单位的激励机制，通过激励的方式调动勘测设计方投身大型建设项目的积极性。

在勘测设计过程中，业主方期望设计单位能够做到保证设计进度和设计可施工性的同时，确保初步设计的概算不超过业主方的投资估算，施工图预算不超过初步设计概算，从而达到大型建设项目设计经济性和安全性的统一。

因此，在大型建设项目勘测设计过程中，业主方对勘测设计单位的构建激励机制的总体思路是如下：构建对勘测设计单位的激励机制，应以大型建设项目勘测设计的顺利实施为出发点，目的是调动大型建设项目勘测设计人员的积极性和创造性，确保勘测设计的安全性、时效性和经济性。此激励机制构建的核心是在行为规范和奖惩制度的确立，而构建的激励机制运行的最佳效果应该是在较低成本的条件下，达到激励相容，也就是说

同时实现业主方与勘测设计方的目标，使业主方与勘测设计方的利益一致。

基于以上的思路，本书从业主方角度出发，构建了对大型建设项目勘测设计方的激励机制。从上面的分析可以看到，在大型建设项目勘测设计过程中，勘测设计方不仅要保质、保量地按时完成勘测设计任务，还需要优化设计方案，节省工程的投资。因此，本书考虑两个任务的委托—代理模型，即勘测设计方的业绩产出的两个方面：一是勘测设计的常规质量，记该任务为任务1；二是勘测设计方案的经济性，记该任务为任务2。

在分析业主方与勘测设计方之间的委托代理关系时，本书做出如下的假设[190-194]：

（1）勘测设计方需要同时完成业主方委托的常规设计质量和经济性两项任务，勘测设计方付出的努力水平为 ε_i （$i=1$，2），其努力后所获得的成效为 $\pi_i = \varepsilon_i + \theta_i$ （$i=1$，2），该式中，θ_i 为服从正态分布的随机变量，即 $\theta_i \sim N(0，\sigma_i^2)$ （$i=1$，2）。

（2）假设勘测设计方付出努力的成本为凸函数 $C(\varepsilon_1，\varepsilon_2)$，也即 $C'(\varepsilon_1，\varepsilon_2) > 0$，$C''(\varepsilon_1，\varepsilon_2) > 0$。为了方便讨论问题，同时满足委托—代理讨论的要求，本书设 $C(\varepsilon_1，\varepsilon_2) = \dfrac{\varepsilon_1^2}{2} + \dfrac{\varepsilon_2^2}{2}$。

（3）长期以来，我国勘测设计取费是按照《工程勘察设计收费标准》规定的设计费计算方法，以项目的工程费用投资为计算基础，并按工程类别性质乘以专业系数（或加复杂系数）来计算设计的，因而工程投资越大，工程设计取费就越高。这种计费方法不能正确反映设计工作量与设计收费的关系，也不利于在设计阶段建立工程造价控制和管理的运行机制。

基于此，本书建立的勘测设计方的取费函数为线性激励函数 $\omega(\pi_1，\pi_2) = a + b_1\pi_1 + b_2\pi_2$，该式中，$a$ 为一个固定的取费，该取费的标准可以根据工程的难易程度、工程量、勘测设计单位的资质等综合确定，b_1、b_2 分别代表勘测设计方对其努力后产生的成效 π_1 和 π_2 的分享程度，勘测方保留收益水平为 $\bar{y}_d$，其收益为

$$y_d = \omega(\pi_1, \pi_2) - C(\varepsilon_1, \varepsilon_2) = a + b_1\pi_1 + b_2\pi_2 - C(\varepsilon_1, \varepsilon_2)$$

假设业主方是风险中性的，而勘测设计方则是风险规避的。勘测设计方作为代理人，其效用函数为 $u = -\varepsilon^{\rho y}$，其中 ρ 为绝对风险规避度，且 $\rho > 0$，y 为勘测设计方的实际收益。则勘测设计方的风险成本为 $\dfrac{\rho b_1^2\sigma_1^2 + \rho b_2^2\sigma_2^2}{2}$，确定性等价收益为 $\tilde{y}_d = E(y_d) - \dfrac{\rho b_1^2\sigma_1^2 + \rho b_2^2\sigma_2^2}{2}$。

（4）业主方的收益可以用 CES 函数（不变替代性弹性函数）来表示

$$y_p = \left[\alpha\pi_1^{1-\gamma} + (1-\alpha)\pi_2^{1-\gamma}\right]^{\frac{1}{1-\gamma}} - \omega(\pi_1, \pi_2)$$

该式中，$\alpha(0 < \alpha < 1)$ 表示任务 1 对业主方收益的影响程度，$1-\alpha$ 表示任务 2 对委托人收益的影响程度，γ 表示任务 1 与任务 2 之间的不可替代程度（$\gamma = 0$ 时表示两任务可以互相替代，$\gamma = 1$ 时表示两任务完全不可以替代）。

根据上面的假设，可以确定出业主方的期望效益：

$$E(u_p) = E(y_p) = \left[\alpha\varepsilon_1^{1-\gamma} + (1-\alpha)\varepsilon_2^{1-\gamma}\right]^{\frac{1}{1-\gamma}} - (a + b_1\varepsilon_1 + b_2\varepsilon_2)$$

勘测设计方确定性等价收益为

$$\tilde{y}_d = a + b_1\varepsilon_1 + b_1\varepsilon_1 - \frac{\varepsilon_1^2}{2} - \frac{\varepsilon_2^2}{2} - \frac{\rho b_1^2\sigma_1^2}{2} - \frac{\rho b_2^2\sigma_2^2}{2}$$

由此可以得到最优线性方程组为

$$
\begin{cases}
\max\limits_{a, b_1, b_2} E(u_p) = \left[\alpha + (1-\alpha)\right]\dfrac{1}{1-\gamma} - (a + b_1\varepsilon_1 + b_2\varepsilon_2) \\[3mm]
s.\ t.\ \varepsilon_1^*,\ \varepsilon_2^* \in \operatorname{argmax}\left(a + b_1\varepsilon_1 + b_2\varepsilon_2 - \dfrac{\varepsilon_1^2}{2} - \dfrac{\varepsilon_2^2}{2} - \dfrac{\rho b_1^2\sigma_1^2}{2} - \dfrac{\rho b_2^2\sigma_2^2}{2}\right)(\mathrm{IC}) \\[3mm]
\tilde{y}_d = a + b_1\varepsilon_1 + b_1\varepsilon_1 - \dfrac{\varepsilon_1^2}{2} - \dfrac{\varepsilon_2^2}{2} - \dfrac{\rho b_1^2\sigma_1^2}{2} - \dfrac{\rho b_2^2\sigma_2^2}{2} \geqslant \overline{y_d}\,(\mathrm{IR})
\end{cases}
$$

根据此方程组可以解出 $\dfrac{b_1^*}{b_2^*} = \left(\dfrac{\alpha}{1-\alpha} \cdot \dfrac{1 + \rho\sigma_2^2}{1 + \rho\sigma_1^2}\right)^{\frac{1}{1+\gamma}}$。

记 $k = \dfrac{b_1^*}{b_2^*} = \left(\dfrac{\alpha}{1-\alpha} \cdot \dfrac{1 + \rho\sigma_2^2}{1 + \rho\sigma_1^2}\right)^{\frac{1}{1+\gamma}}$，并称 k 为任务 1 对任务 2 的相对激励

强度。本书前面已经对勘测设计方的业绩产出进行了说明，其包含两个方面：一是勘测设计的常规质量（任务1），二是勘测设计方案的经济性（任务2）。

大型建设项目投资较大，因而其所设计的方案的经济性对工程建设具有十分重要的意义，一般认为 $\sigma_1 < \sigma_2$。并且在大型建设项目勘测设计过程中，任务1和任务2相互依赖，完全不能被替代，即 $\gamma = 1$。

就大型建设项目而言，其设计方案的经济性比其常规质量更应得到关注，因而业主方在设计对勘测设计方的激励机制时，应在允许的范围内尽可能使 k 值减小，以此激励勘测设计方重视设计方案的经济性。

下面分别分析 $1 - \alpha$、σ_2 及 ρ 对 k 值的影响机理。

（1）$1 - \alpha$ 对 k 值的影响机理分析

记 $f_1(1 - \alpha) = \dfrac{\partial k}{\partial (1 - \alpha)}$ ，则 $f_1(1 - \alpha) = \left(\dfrac{1 + \rho\sigma_2^2}{1 + \rho\sigma_1^2}\right)^{\frac{1}{2}} \cdot \dfrac{\alpha - 3}{2(1 - \alpha)\sqrt{\alpha}}$ ，

$0 < \alpha < 1$，故 $f_1(1 - \alpha) < 0$。

可以看到，相对激励强度 k 将会随着任务2（勘测设计方案的经济性）对业主方收益的影响程度指标 $1 - \alpha$ 的增大而减小；这也就是说，对于业主方而言，随着对勘测设计方案的经济性认识的加强，任务2对任务1的相对激励强度就越大。

（2）σ_2 对 k 值的影响机理分析

记 $f_2(\sigma_2) = \dfrac{\partial k}{\partial \sigma_2}$ ，则 $f_2(\sigma_2) = \left(\dfrac{\alpha}{1 - \alpha} \cdot \dfrac{1}{1 + \rho\sigma_1^2} \cdot \dfrac{1}{1 + \rho\sigma_2^2}\right)^{\frac{1}{2}} \cdot \rho\sigma_2$ ，

$0 < \alpha < 1$，$\rho > 0$，故 $f_2(\sigma_2) > 0$。

可以看到，相对激励强度 k 将会随着任务2（勘测设计方案的经济性）的不确定性的增大而增大。这就意味着当勘测设计方从勘测设计方案中获得的总效益最大时，对不确定性较低的勘测设计的常规质量这一任务的激励度高于勘测设计方案的经济性这一任务的激励度。因此，为了能够让勘测设计方重视设计方案的经济性，业主方必须加大对设计方这一方面的要求，并提出相应的激励机制，确保其设计出来的方案具有较好的经济性。

（3）ρ 对 k 值的影响机理分析

记 $f_3(\rho) = \dfrac{\partial k}{\partial \rho}$，则 $f_3(\rho) = \dfrac{1}{2} \cdot \dfrac{1}{(1 + \rho\sigma_2^2)^{\frac{1}{2}}} \cdot \dfrac{\sigma_2^2 - \sigma_1^2}{(1 + \rho\sigma_1^2)^{\frac{3}{2}}}$，

$\sigma_1 < \sigma_2, \rho > 0$，故 $f_3(\rho) > 0$。

可以看到，相对激励强度 k 将会随着绝对风险规避度 ρ 的增加而增加。因此，业主方在选择勘测设计单位时，寻找到一个绝对风险规避度小的单位可以减小相对激励强度，使得设计方案能更加注重经济性。但是在现实中并不容易操作。

一般情况下，业主方并不能很好地观察到勘测设计单位的努力水平，这时，业主方就需要从设计方案所产生的效益中拿出一部分分给勘测设计方，才能调动其积极性。另外，传统的勘测设计取费是根据工程投资来决定的，这样的做法导致了勘测设计单位在设计过程中不注重项目设计方案的经济性问题。从上面的分析中可以看到，在大型建设项目的勘测设计过程中，业主方应更加注重勘测设计方案的经济性。因此，为了能够使勘测设计方加深对设计方案经济性的重要性的认识，并在设计过程中加以实施，业主方必须加强对勘测设计方在方案经济性方面的要求。另外，针对当勘测设计方从勘测设计方案中获得的总效益最大时，对不确定性较低的勘测设计的常规质量这一任务的激励度高于勘测设计方案的经济性这一任务的激励度的情况，业主方应提高对勘测设计单位在设计方案经济性上的奖励额度，以激发勘测设计方的积极性，实现大型建设项目勘测设计方案合理性和经济性的统一。

三、不完全信息下业主方与监理方静态博弈机制的建立

虽然业主方与监理方之间是委托—代理的关系，监理方应尽自己的能力去协助业主方完成约定的任务。但是，目前我国整体上对监理工作的重要性认识不足，使得监理方并不能够得到预期的报酬。监理方采取违规的策略，与施工方合谋则可以增加自身的利益。这时，业主方应考虑是否对监理方采取一定的行动以约束其行动。

下面本书从博弈论的角度去考查大型建设项目实施过程中业主方与监理方之间的约束机制的建立[195-197]。

目前我国监理单位基本上是属于企业性质的,在很多时候是以其自身的经济效益最大化作为准则的。在大型建设项目实施过程中,业主方与监理方的信息不对称,使得监理方在面对业主方的监管时,会与业主方进行一定的博弈,以实现自身的利益最大化;业主方也会对是否值得去约束进行博弈。这样博弈的最终结果是双方利益的动态均衡。

(一)业主方与监理方之间博弈的前提假设

在对业主方与监理方之间的博弈进行分析时,本书考虑纯策略博弈和混合策略博弈两种情形。

假设1:业主方和监理方都是理性的。业主方的战略选择为(约束,不约束),其约束的概率为 q ,不约束的概率为 $1-q$;监理方的战略选择为(违规,不违规),其违规的概率为 p ,不违规的概率为 $1-p$ 。

假设2:博弈双方知道对方的战略空间和效用函数,但是不知道约束概率或者违规概率。双方不会相互合作,都争取自身效用的最大化。

假设3:业主方在不约束且监理方不违规的情况下效用为 U ,若业主方对监理方的违规行为不约束,则就会使得自身造成损失,设为 B ;在监理方违规与不违规两种情况下,业主方进行约束所付出的成本分别为 C_1、C_2 ,且 $C_1 > C_2$;业主方成功对监理方的违规行为进行约束会产生正面效应,设为 A ,且获得成功的概率为 λ ,不成功概率为 $1-\lambda$,且 $0 < \lambda < 1$;同时,业主方成功对监理方的违规行为进行约束后,会对大型建设项目其他的参与方产生震慑力,约束它们的行为,此时产生的潜在的效用为 D 。在监理方不违规的情况下,虽然业主方将会一无所获,但是会起到一种监督的效果,使得项目的参与者在短时间内可能不敢违规,设业主方对监理方此种约束下所带来的潜在效用为 E ,且 $D > E$;对于监理方来说,违规被查处的效用为 M_1 ,违规不被查处的效用为 M_3 ,不违规时的效用为 M_2 。

(二)业主方与监理方之间的博弈模型

根据上文的假设,建立的支付矩阵如图4.6所示。

监理方

	违法p	不违法$1-p$
监管q	$U-C_1+\lambda A+D, M_1$	$U-C_2+E, M_1$
不监管$1-q$	$U-B, M_3$	U, M_2

业主方

图 4.6　业主方与监理方博弈的支付矩阵

（三）业主方与监理方之间的纯策略博弈均衡分析

在纯策略博弈均衡分析下，业主方是否对监理方进行约束主要取决于其效用与成本之间的关系。

情况 1：$U-C_1+\lambda A+D > U-C_2+E > U-B$。整理后可得，$\lambda A+D > C_1-C_2-B+E$，因为$D>E$，因此也即$\lambda A > C_1-C_2$，$B > C_2-E$。这说明，当业主方对监理方进行约束的成本小于所获得的奖励，监理方违规行为给业主方带来的损失大于业主方正常约束时所付出的费用时，业主方会选择约束监理方行为，监理方会选择合规的工作。

情况 2：$U-C_1+\lambda A+D < U-C_2+E$，$U-C_2+E > U-B$，可得，$\lambda A < C_1-C_2$，$B > C_2-E$。这说明，业主方如果对监理方的违规行为进行约束，那么其所付出的成本很高。但是，如果不约束监理方的违规行为，业主方损失所带来的负效应也会很大，因此，业主方只能选择约束监理方的行为。

情况 3：$U-B > U-C_2+E > U-C_1+\lambda A+D$，可得，$\lambda A < C_1-C_2$，$B < C_2-E$。这说明，业主方如果约束监理方的违规行为，其付出的成本很高，而这时业主方受到的损失却很小，这样业主方就会选择不约束，监理方会选择违规。

从上面的分析可以看出，业主方是否对监理方的行为进行约束主要取决于约束成本与约束收益之间的关系。

（四）业主方与监理方之间的混合策略博弈均衡分析

上面进行的纯策略博弈均衡分析没有考虑到业主方进行约束以及监理

方违规的概率。如果业主方以不同的概率采取两种策略，监理方也会采取两种不同的策略，以达到两者之间的均衡。

在混合策略博弈均衡分析下，业主方的期望效用为

$EU = p[q(U - C_1 + \lambda A + D)] + p(1 - q)(U - B) + (1 - p)q(U - C_2 + E) + (1 - p)(1 - q)U$,

对 q 求一阶导数，$\dfrac{\partial EU}{\partial q} = 0$，得到 $p^* = \dfrac{C_2 - E}{\lambda A + B + C_2 - C_1 + D - E}$。

监理方的期望效用为

$EV = pqM_1 + p(1 - q)M_3 + (1 - p)qM_2 + (1 - p)(1 - q)M_2$，对 p 求一

阶导数，$\dfrac{\partial EV}{\partial p} = 0$，得到 $q^* = \dfrac{M_3 - M_2}{M_3 - M_1} = \dfrac{1 - M_2/M_3}{1 - M_1/M_3}$。

当业主方对监理方约束的概率大于 q^* 时，监理方就不会违规；当业主方对监理方约束的概率小于 q^* 时，监理方就会选择违规。如果违规不被查处的效用 M_3 足够大，以至于 q^* 趋于 1，那么就说明监理方违规的现象就会很严重，业主方必须以趋于 1 的概率 q^* 来进行约束。

对于 $p^* = \dfrac{C_2 - E}{\lambda A + B + C_2 - C_1 + D - E}$，将其分子分母都除以 C_2 得到，

$p^* = \dfrac{1 - E/C_2}{1 + (\lambda A + B + D - E - C_1)/C_2}$，当 C_2 足够大，且其他项不变时，

p^* 趋于 1，这说明当业主方约束的成本足够大时，业主方将不会选择对监理方进行约束，而监理方将会选择违规。而当 $\lambda A + B + D$ 足够大时，p^* 就会趋于 0，这说明当业主方惩处违规后所产生的正面效应和潜在效用足够大、不约束监理方违规行为时的损失足够大时，业主方就会选择加大对监理方的约束力度，而监理方就会选择不违规。

从上面的分析中可以看到，在大型项目建设过程中，监理方是否采取违规取决于业主方约束力度的大小，业主方是否对监理方进行约束则取决于约束的成本与约束所产生的正面效应和潜在效应的大小，以及不约束时所产生的损失的大小。因此，对业主方本身而言，其应该完善自身内部约束机制，促使其人员更好地发挥对监理方监督约束的作用，减少自身运行

的成本，同时要建立和完善内部人员的监督和考核机制，确保内部运行的高效性。

四、不完全信息下施工实施过程中业主方与施工方动态博弈机制的建立

业主方与施工方的博弈从工程施工招标阶段就已经开始了。目前，相关的研究已对工程招投标中业主方与承包商之间的博弈机制进行了分析，这些分析在进行基本假定时，都不可避免地假设对于生产成本较低的施工承包商而言，若其投标报价很好，并且能够中标，则其在施工过程中与监理方、设计方合谋及偷工减料等违规行为发生的概率为零，而这点并不符合实际情况。对施工承包商而言，其本身是"经济人"，以追求自身的利益最大化为目标。因此，本书认为，对大型建设项目而言，其施工承包人一般都要求具备相当的资质，因而其业务管理水平和技术水平都较高。业主方在选择施工承包人时，应在合理低价中标原则的基础上，综合考虑施工承包投标人的情况，选择合适的承包商以满足大型建设项目的顺利实施。

在大型建设项目施工实施过程中，虽然有监理方协助业主方对工程完成的质量、进度及费用进行控制，然而由于经济利益的驱动，施工承包商会与监理方、设计方等进行合谋，欺骗业主方，而业主方若在监理方监管之外，再对施工方进行监督，则会付出一定的成本。而业主方是否会在施工实施过程中，对施工方的工作进行额外的检查，取决于检查成本与损失之间的大小对比。本书基于动态博弈的视角，分析业主方监管行为的得益及其经济理性[198-202]。

（一）业主方与施工方之间的博弈次序

业主方（S）与施工方（R）之间是多重信号博弈，并且 R 与 S 之间存在着明显的信息不对称，S 知道其自身在大型建设项目中的监管水平 θ_j，但 R 却不能准确地掌握这些信息。

双方博弈一般遵循如下顺序：

1. 由"自然"（N）采取行动，选择业主方 S 的类型 $\theta \in \Theta$，$\Theta =$

$\{\theta_1, \theta_2, \ldots \theta_n\}$，$S$ 知道 θ，但 R 不知道，只知道 S 在大型建设项目中的监管水平 θ_j 的先验信念 $p(\theta_j)$，且 $\sum_{j=1}^{n} p(\theta_j) = 1$。

2. 业主方 S 根据 θ_j 先采取策略行动，向施工方传递"业主方的监管力度 d_j"，施工方一般认为"业主方的监管力度 d_j"能够反映出业主方的监管水平 θ_j，并且 d_j 与 θ_j 成正比关系，这是因为业主方 S 的监管水平越高，其监督的成本也就越高，业主方 S 的监管力度就会越大。假设业主方在大型建设项目建设中的监管水平为 θ_j 时，表现为监管力度 d_j 的概率分布为

$\sigma_j = \{p(d_1 \mid \theta_j), p(d_2 \mid \theta_j), \ldots, p(d_j \mid \theta_j)\}$，并且符合 $\sum_{j=1}^{n} p(d_j \mid \theta_j) = 1$。

3. 施工方 R 在观测到业主方 S 的监督力度 d_j 后，使用贝叶斯法则从先验概率 $p = p(0)$ 得到后验概率 $\tilde{p} = p(\theta_j \mid d_j)$，然后会采取相应的行动 $k \in K$，这里 K 是 R 的行动空间，且 $K = \{$违规，不违规$\}$。当 d_j 维持较高水平时，施工方 R 违规很可能会出现利润损失甚至亏损的情况；当 d_j 维持较低水平时，R 采取违规行动很可能还能赚取一定的收益，而不需付出违规的惩罚。

（二）业主方与施工方之间博弈的基本假设

根据双方博弈的一般顺序，可以构造一个 S 与 R 之间的信号博弈模型，并对该模型做如下前提假定：

1. 该博弈是无限次重复博弈。

2. 业主方 S 与施工方 R 都是充分的理性。

3. 初始阶段施工方 R 并不清楚业主方 S 的类型，仅具有 S 类型的先验信念 $p(\theta_i)$，同时 S 也不清楚 R 违规的概率 $\nu_j = p(k \mid d_j)$。

4. 第一阶段后，R 可以根据 S 上一阶段的监管力度得出业主方 S 类型的后验概率 $\tilde{p} = p(\theta_j \mid d_j)$，$S$ 也能了解业主方 R 上一阶段的违规概率 ν_j。

5. R 和 S 在下一阶段都可以根据上一阶段所得到的信息来决定下一阶段的行动。

6. R 和 S 的均衡函数取决于 S 对 R 的监管概率 σ_j 和 R 违规的概率 ν_j，并且 S 对 R 的监管概率 σ_j 和 R 违规的概率 ν_j 向均衡状态收敛。

为了下文的研究，本书给出如下定义：

定义1：大型建设项目业主方与施工方的监督与约束模型的精练贝叶斯均衡是战略组合 $\left[d^*(\theta),\ k^*(\theta)\right]$ 和后验概率 $\tilde{p}=p(\theta\mid d)$ 的结合，它满足：

（1） $k^*(d)\in\underset{d}{\operatorname{argmax}}\sum_\theta\tilde{p}(\theta/d)v_2(d,\ k,\ \theta)$。

（2） $d^*(\theta)\in\underset{d}{\operatorname{argmax}}v_1(d,\ k^*(d),\ \theta)$。

（3） $\tilde{p}(\theta/d)$ 是 R 使用贝叶斯法则从先验概率 $p(\theta)$，观测到信号 d 和 S 的最优战略 $d^*(\theta)$ 得到的（在可能的情况下）。

（三）业主方与施工方的收益分析

1. 施工方 R 的收益分析

设施工方 R 的收益为 $v_1(d,\ k,\ \theta)$，则：

$$v_1(d,\ k,\ \theta)=P\times p(k/d_j)\times p(d_j)-E(c/k)\times p(k/d_j)\times p(d_j)-F\times p(\theta_j)\times p(d_j)$$

其中：

P——施工方 R 完成项目建设应得到的收入；

$E(c/k)$——施工方 R 完成项目建设的期望成本；

$p(k/d_j)$——在业主方 S 的监管力度为 d_j 时施工方违规的概率；

$p(d_j)$——业主方 S 的监督力度为 d_j 的概率；

F——施工方由于违规将受到的业主方的惩罚。

2. 业主方 S 的收益分析

设业主方 S 的收益为 $v_2(d,\ k,\ \theta)$，则：

$$v_2(d,\ k,\ \theta)=F\times p(\theta_j)\times p(d_j)+R+M(\theta,\ k,\ d)-H(\theta_j)-P\times p(k/d_j)\times p(d_j)$$

其中：

R——业主方 S 由于工程完工而带来的收益；

$H(\theta_j)$——业主方 S 在大型建设项目中的监管水平为 θ_j 时的成本；

$M(\theta,\ k,\ d)$——业主方 S 由于大型建设项目的建设而带来的其他益处，如社会效应等。

（四）业主方与施工方动态博弈模型的建立

由定义 1 可以知道，施工方 R 的最优选择是使得

$$k^*(d) \in \underset{d}{\arg\max} \sum_{\theta} \tilde{p}(\theta/d) v_2(d, k, \theta)$$

因此可得

$$\underset{d}{\arg\max} \sum_{\theta} \tilde{p}(\theta/d) v_2(d, k, \theta) = \underset{d}{\arg\max} \sum_{i=1}^{n} \left[\left(\frac{p(d_i/\theta_j)}{p(d_i)} \right) P \times p(k/d_j) \times \right.$$

$$p(d_j) - E(c/k) \times p(k/d_j) \times p(d_j) - F \times p(\theta_j) \times p(d_j) \right] =$$

$$\underset{d}{\arg\max} \sum_{i=1}^{n} p(d_i/\theta_j) \left[P \times p(k/d_j) - E(c/k) \times p(k/d_j) - F \times p(\theta_j) \right] \quad (4.1)$$

又由定义 1 可以知道，业主方 S 的最优选择为

$$d^*(\theta) \in \underset{d}{\arg\max} v_1[d, k^*(d), \theta]$$

因此可得

$$\underset{d}{\arg\max} v_1 d, [k^*(d), \theta] = \underset{d}{\arg\max} [F \times p(\theta_j) \times p(d_j) + R + M(\theta, k, d) - H(\theta_j) - P \times p(k/d_j) \times p(d_j)]$$

$$\quad (4.2)$$

对式（4.1）求 $p(k/d_j)$ 的一阶偏导数，并令偏导数等于 0 可得

$$p^*(k/d_j) = \frac{P_\theta}{E(c/k)} \quad (4.3)$$

其中：

P_θ ——施工方 R 在业主方 S 监管水平为 θ 时所得到的奖励收益。

对式（4.2）的 θ_j 求一阶偏导数可得

$$\frac{\partial H(\theta_j)}{\partial p(\theta_j)} - \frac{\partial M(\theta_j, k, d)}{\partial p(\theta_j)} = P \times p(d_j/\theta_j) - F \times p(d_j)$$

因此可得该模型的精练贝叶斯均衡为

$$[\theta^*, p^*(k/d), \tilde{p}^*(\theta/d)] = \left[\theta^*, \frac{P_\theta}{E(c/k)}, \frac{p(\theta, d)}{p(d)} \right]$$

（五）业主方与施工方动态博弈模型的分析及结论

1. 当业主方 S 的监管水平 θ 很低时，此时：

$$\frac{\partial M(\theta_j, k, d)}{\partial p(\theta_j)} - \frac{\partial H(\theta_j)}{\partial p(\theta_j)} < P \times p(d_j/\theta_j) - F \times p(d_j)$$

即业主方 S 的监管的边际收益小于施工方 R 获得的收益，说明在低监管水平下，业主方 S 的最优策略是不实施监管。

2. 当业主方 S 的监管水平 θ 很高时，此时：

$$\frac{\partial M(\theta_j,\ k,\ d)}{\partial p(\theta_j)} - \frac{\partial H(\theta_j)}{\partial p(\theta_j)} > P \times p(d_j/\theta_j) - F \times p(d_j)$$

即业主方 S 的监管的边际收益大于施工方 R 获得的收益。此时，施工方 R 会因违规而受到惩罚，导致其自身收益的降低。此时，施工方 R 的最优选择是不违规。

因而，对业主方而言，要确保大型建设项目在施工实施过程中的顺利进行，必须加强自身监管能力的建设，提高业主方人员的工作能力和业务素质。同时，业主方需要在施工合同中对施工方的行为进行约束，加大施工方违规的惩罚力度，并对施工方的积极表现进行激励。

第四节　本章小结

本章首先对 DBB 模式下大型建设项目业主方组织界面管理的概念、内容及步骤进行了描述，然后运用 FTA 并根据大型建设项目实施中常见的问题，对大型建设项目组织界面进行识别，同时也对大型建设项目实施过程中业主与各参与方的界面矛盾进行了分析，包括与政府部门、勘测设计单位、监理方、施工方之间的界面矛盾。最后，本章针对不同的参与方提出了不同的界面管理方法，包括与政府部门保持沟通、建立信任机制，本章针对勘测设计单位从业主角度构建了激励机制，建立了不完全信息下业主与监理方静态博弈机制和不完全信息下施工实施过程中业主与施工方动态博弈机制，为推动项目顺利实施做出了贡献。

第六章　DBB 模式下大型建设项目业主方组织界面整合度研究

第一节　大型建设项目业主方组织界面整合度概念提出的意义

　　大型项目的建设是一个系统、复杂的工程，需要由多个参与方共同协作，才能完成项目的既定目标，确保大型建设项目的顺利实施。大型建设项目中的参与方，由于其各自的任务、责任和权利不同，处理问题的方法和程序等也会有所差异，会形成相应的界面，需要对这些界面进行协调，这些就是大型建设项目组织界面问题。我们可以认为，大型建设项目组织界面管理是指为了完成大型建设项目建设的预期目标，项目各个参与方之间在信息、技术、资源、财务等方面进行广泛的交流与合作，相互配合，协调各方利益关系，以保证大型建设项目的顺利实施。

　　在大型建设项目实施过程中，组织界面的管理对于项目的顺利实施起到十分重要的作用。一个大型项目的成功建设，需要项目建设的核心——业主方协调好各主要参与方，为大型建设项目的各参与方提供一个切实可行的多方协调机制。这对业主方组织界面的整合能力就提出了新的、更高的要求。作为业主方，需要不断从项目组织界面过程中积累经验，为今后的管理工作提供参考。因而，对业主方组织界面管理的成效进行评价，就显得尤为重要了。因此，系统地分析大型建设项目实施过程中业主方所应具备的组织界面整合能力，分析如何去提升业主方组织界面的整合能力，以及如何去衡量业主方在大型项目建设过程中的整合能力，具有十分重要的意义。本书认为组织界面管理也就是组织界面整合。因此，本书将大型建设项目实施过程中业主方所要遇到的组织界面管理方面的相关问题归纳在一起，称为大型建设项目业主方组织界面整合度。

第二节　大型建设项目业主方组织界面整合度概念模型

整合度的概念最初是用在 R&D—市场营销界面管理中的，其代表着界面双方即 R&D—市场营销职能在沟通、共享信息和共同解决疑难方面的程度[203]。本书将整合度的概念引入大型建设项目业主方组织界面管理中。

在对业主方组织界面整合度下定义之前，本书先介绍国内外对组织界面整合度相关概念的解释：

白静在论文《主题公园建设过程能力成熟度模型及建筑学关键域研究》[204]中，提出了"过程能力成熟度"的概念。其认为，过程能力成熟度是指一个特定过程被明确地定义、管理、测量、控制，并且有效的程度。

曾晖和韩经纶在《提高员工敬业度》[205]一文中，解释了敬业度的基本含义，即对待工作的一种持久、经济的情绪和动机唤醒状态，随时可以全身心地投入工作中，并在工作过程中伴随着有愉悦、自豪、鼓舞的体验；工作时感觉时间过得很快，不容易疲倦；面对困难及压力，有很高的承受力，一旦进入工作角色后就不愿意从工作中脱离出来，并愿意在工作上付出额外努力。

Hoppock 在《工作满意度》一书中，首次提出了工作满意度的概念，认为工作满意度是工作者心理与生理两方面对环境因素的满足感受，即工作者对工作情境的主观反应。

美国卡耐基—梅隆大学软件工程研究院于 1993 年首次提出了用于软件

开发评价标准的成熟度模型 CMM，该模型面向项目管理过程，将软件开发项目的管理能力分为五个等级。建立这一模型的目的在于帮助项目组织正确评估当前的项目管理水平，及时发现管理过程中存在的问题，为了达到更高一级水平，进而确定哪些关键过程需要制度化，通过成熟度评价，鼓励项目组织进行持续改进，不断提高自身的项目管理水平[206]。

李娟在论文《城市土地市场发育及其对房地产市场的影响研究——以南京为例》[207]中，提出了"土地成熟度"的概念，认为土地成熟度是对土地市场发育程度和所处阶段的评价，其实质是对土地市场运行绩效的评价，其内涵可以概括为土地资源市场化配置度、土地市场供需均衡度、土地市场价格灵敏度、土地市场竞争度、配套机制完善度几个方面。

上面提到的几个概念中，均含有"度"字。从对这几个概念的诠释中，可以看到对"度"的含义理解，"度"是对事物、能力等的评价标准。

在大型建设项目管理中，组织界面涉及的方面较多，其对于项目的顺利实施意义重大。业主方作为项目实施的核心，在组织界面中的管理能力的强弱，将关系到大型建设项目实施情况的好坏。因此，对大型建设项目实施过程中业主方的组织界面管理能力进行评价，具有重要的意义。据此，本书提出大型建设项目业主方界面管理整合度的概念。

本书认为，大型建设项目业主方界面整合度是指在大型建设项目实施过程中，针对不同参与方之间目标、组织行为等引起的组织界面矛盾，业主方进行协调和整合，以确保大型建设项目顺利实施的能力。

借鉴项目成熟度的概念模型[208]，本书提出了大型建设项目业主组织界面整合度的概念模型，如图 5.1 所示。

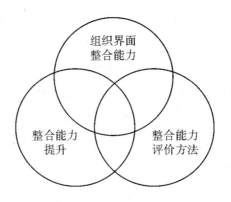

图 5.1　大型建设项目业主方组织界面整合度的概念模型

从图 5.1 可以直观地看出，大型建设项目业主方组织界面整合度包含三个层面：一是大型建设项目业主方组织界面的整合能力，它包括一系列的能力，如组织能力、协调能力、订立合同的能力等；二是整合能力所包含的内容中，业主方在大型建设项目管理过程中，能力的重要性排序问题；三是如何对大型建设项目实施过程中业主方的组织界面整合能力进行评价的问题。

大型建设项目业主方组织界面整合度所包含的三个层面的具体内容如下：

第一，大型建设项目业主方组织界面的整合能力。作为大型建设项目实施的核心，在项目建设的整个阶段，为确保项目的顺利实施，业主方需要具备组织协调好各参与方、确保大型建设顺利实施的能力。这些能力是具有一定的体系和层次性的，是在大型建设项目实施过程中业主方进行工作的必要条件。

第二，大型建设项目业主方组织界面整合能力的提升方法。能力的培养是一个由弱到强、逐步提升的过程，大型建设项目业主方整合能力提升的过程也是一个由弱到强、在实践中不断发展提高的过程。去提升业主方在大型建设项目在实施过程中的整合能力，需要总结出一定的理论和方法，形成一个知识体系，用于指导大型建设项目实施过程，业主方不断提高自身的组织界面整合能力，提升组织界面整合的效率。同时，整合能力的提升需要借助于一定的平台发挥作用，如何构建适合的平台让业主方更好地发挥整合能力，也是大型建设项目在实施过程中需要考虑的重要问题。

第三，大型建设项目业主方组织界面整合能力的评价方法。在大型建设项目实施过程中，需要对业主方组织界面的整合能力进行阶段性和全局性的评价和衡量。对业主方的整合能力进行阶段性的评价，有利于业主方寻找到自身在界面整合上存在的问题，以利于下一阶段的改进与提升；在整个项目实施完成后从总体上对业主方在整个项目实施过程中的组织界面整合能力进行评价，有利于业主方总结大型建设项目组织界面整合的经验，为今后开展工作提供借鉴和参考。

考虑到大型建设项目业主方组织界面整合能力体系的架构以及整合能力的评价方法具有一定的相关性，而大型建设项目业主方整合能力的提升是一个较为系统的工程，不仅要考虑到各个整合能力是如何提升的，同时还要考虑如何去通过构建一定的平台，以达到充分发挥大型建设项目业主方组织界面整合能力的目的，因此本书将针对大型建设项目业主方组织界面整合能力、整合能力的评价的研究和针对大型建设项目业主方组织界面整合能力的提升方法的研究作为一个章节的内容进行探讨。

第三节　大型建设项目业主方组织界面整合能力研究

可以从不同角度给能力下定义[209]：

从心理学角度看，能力是指人顺利地完成某项活动的个性心理特征；能力是直接影响效率，使活动顺利完成的个性心理特征。

从功能方面看，能力是在观察力、记忆力、想象力等智力因素基础上形成的掌握知识、运用知识、进行创造的本领；能力是人为取得预定成果，与顺利完成某项活动有关的知识、技能、智力的综合；能力的实质就是人认识世界、改造世界的智慧和才能。

从组成要素看，技巧或技能+知识=能力。

从上面对能力的解释中，可以看到，能力是知识、技能等的综合体。据此，本书对大型建设项目业主方组织界面整合能力做出如下的定义：

大型建设项目业主方组织界面整合能力是指在大型建设项目在实施过程中，业主方为了完成大型建设项目建设的预期目标，确保项目各个参与方之间在信息、技术、资源、财务等方面进行广泛的交流与合作，相互配合，业主方所应具备的协调各方利益、整合各参与方之间界面矛盾的能力体系，以确保大型建设项目的顺利实施。

对大型建设项目业主方组织界面整合能力的体系进行探讨，需要首先识别大型建设项目业主方组织界面障碍及组织界面矛盾，通过分析大型建设项目业主方组织界面障碍及组织界面矛盾，找出业主方在大型建设项目实施过程中应具备的组织界面整合能力，并进行总结与归纳，以形成一个整合能力的体系。

从前文对大型建设项目的分析中，可以看到，各参与方之间的组织界面的存在，使得大型建设项目的实施过程中经常会发生一系列的问题，从而影响项目的顺利实施。作为项目实施的核心，业主方应该具备一定的组织界面整合的能力，并且，这些能力的形成都是围绕着解决大型建设项目实施过程中所存在的组织界面矛盾和组织界面障碍所服务的。为了能够更好地归纳和总结业主方应具备的组织界面整合能力，在前文对大型建设项目实施过程中业主方的组织界面障碍及组织界面矛盾识别的基础上，本节将以大型建设项目实施过程中的五个过程组以及全过程综合管理为主线，构建大型建设项目业主方组织界面整合能力的体系。

本书所构建的大型建设项目业主方组织界面整合能力体系见图5.2。

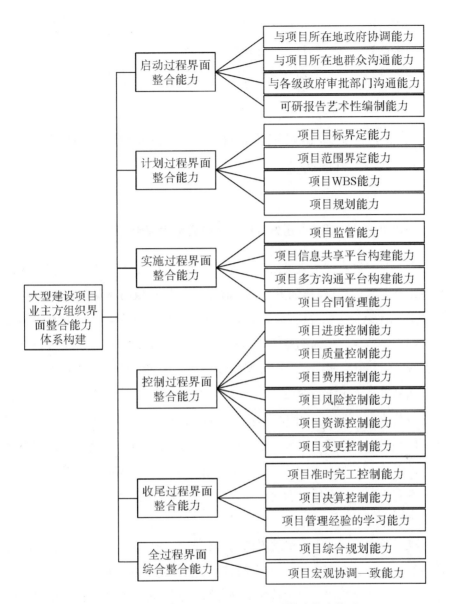

图5.2 大型建设项目业主方组织界面整合能力体系

从图5.2可以看到，以大型建设项目实施过程中的五个过程组以及全过程综合管理为主线，大型建设项目业主方组织界面整合能力包括六个方面的内容，即启动过程界面整合能力、计划过程界面整合能力、实施过程界面整合能力、控制过程界面整合能力、收尾过程界面整合能力以及全过程界面综合整合能力。根据每一过程组所应完成的任务及所面临的组织界面整合的问题，本书对每一方面所应包含的具体能力进行了分析，确定了大型建设项目业主方所应具备的界面整合能力，并形成了一个体系。

第四节　大型建设项目业主方组织界面整合能力的评价方法研究

一、大型建设项目业主方组织界面整合能力评价的意义

评价是一种特殊的人类活动，它不是创造价值，而是对已经存在的价值做出判断。《现代汉语词典》的解释是"评定价值的高低"；《辞海》的解释是"评论货物的价格"。尽管人们对评价的概念有着不同的看法和理解，甚至是争议，但人们对评价本质的认识是一致的，即评价是价值判断的过程[210-213]。上文提到，在大型建设项目实施过程中，需要对业主方组织界面的整合能力进行阶段性和全局性的评价和衡量。对业主方的整合能力进行阶段性的评价，有利于业主方寻找到自身在界面整合上存在的问题，以利于下一阶段组织界面整合能力的改进与提升；在整个项目实施完成后从总体上对业主方在整个项目实施过程中的组织界面整合能力进行评价，有利于业主方总结大型建设项目组织界面整合的经验，为今后开展工作提供借鉴和参考。

可以看到，对业主方组织界面的整合能力进行评价，建立一整套较合适的、能够较为全面地反映大型建设项目业主方组织界面整合能力的评价指标体系，通过运用一定的数学模型和数学方法进行统计分析，动态地评价业主方在协调各参与方之间关系的能力，对于大型建设项目的顺利实施将会起到很好的动态控制作用。同时，在大型建设项目结束后，对业主方在整个项目实施过程中的组织界面管理的成效进行评价，对于业主方总结大型建设项目组织界面管理的经验，找到不足与差距，以及对于建立业主方大型建设项目组织界面管理的数据库，均具有十分重要的意义。

二、大型建设项目业主方组织界面整合能力评价指标体系的确定

（一）大型建设项目业主方组织界面整合能力评价指标体系确定的总体思路

对大型建设项目实施过程中业主方组织界面整合能力进行评价，是为了总结经验，寻找到业主方在组织界面管理实际工作中的不足之处，以利于今后更好地改进。

在大型项目建设过程中，业主方与政府部门、勘测设计方、监理方以及施工方之间的界面是容易产生界面矛盾的地方。因而，在对大型建设项目业主组织界面整合度进行评价时，要从这几个方面来进行考察。同时，业主方对这几个界面所进行的管理的最终目的都是相同的，都是为了项目的顺利实施，因此，在对大型建设项目业主组织界面整合能力进行评价时，也要考虑到业主组织界面集成管理的能力。

基于以上的思路，本书建立大型建设项目业主方组织界面整合能力评价指标体系时，考虑该体系包含五个一级指标：与政府部门间界面的管理能力、与勘测设计方间界面的管理能力、与监理方间界面的管理能力、与施工方间界面的管理能力、组织界面集成管理能力。另外，根据每个一级指标下应该具备的管理能力或者是应办事项的处理情况，以及各个参与方的职责，确定各一级指标下的二级指标。

（二）大型建设项目业主方组织界面整合能力评价指标体系

根据上述思想，确定大型建设项目业主方组织界面整合能力评价指标体系，见图5.3。

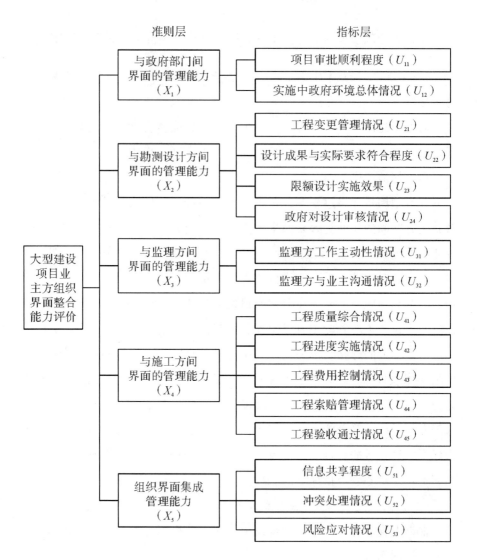

准则层　　　　　　　　　　指标层

| 与政府部门间界面的管理能力（X_1） | 项目审批顺利程度（U_{11}） |
| 实施中政府环境总体情况（U_{12}） |

| 与勘测设计方间界面的管理能力（X_2） | 工程变更管理情况（U_{21}） |
| 设计成果与实际要求符合程度（U_{22}） |
| 限额设计实施效果（U_{23}） |
| 政府对设计审核情况（U_{24}） |

| 与监理方间界面的管理能力（X_3） | 监理方工作主动性情况（U_{31}） |
| 监理方与业主沟通情况（U_{32}） |

| 与施工方间界面的管理能力（X_4） | 工程质量综合情况（U_{41}） |
| 工程进度实施情况（U_{42}） |
| 工程费用控制情况（U_{43}） |
| 工程索赔管理情况（U_{44}） |
| 工程验收通过情况（U_{45}） |

| 组织界面集成管理能力（X_5） | 信息共享程度（U_{51}） |
| 冲突处理情况（U_{52}） |
| 风险应对情况（U_{53}） |

大型建设项目业主方组织界面整合能力评价

图 5.3　大型建设项目业主方组织界面整合能力评价指标体系

三、大型建设项目业主方组织界面整合能力评价模型的建立

（一）常用评价模型的比较分析

目前针对事物评价的方法有很多，既有定性的评价方法，也有定量的评价方法。对于大型建设项目业主方组织界面整合能力的评价而言，其本身的衡量体系是一个较为复杂的系统，并且该体系中各个指标的衡量的标

准是不一样的。另外，对大型建设项目业主方组织界面整合能力进行评价的目的是能够正确反映业主方在大型建设项目实施过程中组织界面管理及各个参与方关系协调的能力；因此，采取定量分析的方法，对大型建设项目实施过程中业主方的组织界面整合能力进行衡量，对于正确反映业主方在大型建设项目实施过程中的能力，以及对于总结业主方在组织关系协调的经验，发现差距与不足之处，具有十分重要的意义。

现行的较为广泛应用的综合评价的定量分析方法主要有主成分分析法、理想解法（TOPSIS）、模糊综合评价法、灰色关联度评价法、物元模型等。为了寻找到适合大型建设项目业主方组织界面整合度评价的数学模型，本书将分别对几种常用的定量分析模型进行比较分析。

1. 主成分分析法[214-217]

主成分分析法的基本思路概括如下：借助一个正交变换，将分量相关的原随机变量转换成分量不相关的新变量，从代数角度，即将原变量的协方差阵转换成对角阵；从几何角度，即将原变量系统变换成新的正交系统，使之指向样本点散布最开的正交方向，进而对多维变量系统进行降维处理。

利用主成分分析法进行综合评价，具有以下几个方面的缺点：

（1）主成分分析法只是一种"线性"降维技术，只能处理线性问题。

（2）运用主成分分析法需要对原始数据进行标准化处理，而标准化处理消除了各指标变异程度上的差异，导致无法反映原始数据的全部信息。

（3）利用主成分分析法进行综合评价的实际结果与评价指标间的相关程度有关，当指标间相关程度低时，每一主成分承载的信息量也就越小。

2. 理想解法

理想解法（TOPSIS）由 Hwang 和 Yoon 于 1981 年提出，直译为逼近理想解的排序方法，是一种多指标决策方法。其基本思路是通过构造多指标问题的理想解和负理想解，并以靠近理想解和远离负理想解两个基准作为评价各对象的判断依据。理想解法基于数据样本本身，具有一定的客观性。然而，在多指标决策过程中往往统计数据非常有限，加上人为的因素，许多数据波动较大，没有典型的分布规律，直接利用样本数据进行分析难以保证决策结果的正确性[218-219]。

3. 模糊综合评价法

模糊综合评价是借助模糊数学的一些概念，对实际的综合评价问题提供一些评价的方法，它与概率、统计的方法是不同的，它是以模糊数学为基础，应用模糊关系合成的原理，将一些边界不清，不易定量的因素定量化，进行综合评价的一种方法。首先，模糊综合评价过程本身不能解决评价指标间相关性造成的评价信息重复问题；其次，模糊综合评价的指标权重很大部分是人为制定的，其中包含的主观随意性较大，不能充分反映客观实际[220]。

4. 灰色关联度评价法

该方法的思想是选取一系列最优指标组成参考序列，通过计算各待评项目与参考序列的关联程度，根据最大关联度原则，来评判、比较方案的优劣。灰色关联分析法借助关联分析技术来进行综合评价，由于其概念明确、计算简单，在评价实践中经常被采用。这种方法也存在一些需要进一步探讨的问题，灰色关联度只是对事物的一种模糊式的判定，其精确度并不高，测定的结果具有排序的作用和意义，但取值并不可靠。该方法作为评价方法可靠性不是很强，但可用来结合其他的数学算法，共同确定指标权重[221-222]。

5. 物元分析方法

物元分析（matter element analysis）是我国著名学者蔡文教授于 20 世纪 80 年代创立的一门新兴学科，是系统科学、思维科学和数学交叉的边缘学科，是贯穿于自然科学和社会科学应用广泛的横断学科。所谓物元，就是描述事物的名称、特征及量值 3 个基本元素的简称。物元分析是研究物元及其变化并用以解决矛盾问题的规律和方法。通过物元分析，可以将复杂问题形象化，并建立事物多指标、多参数的综合质量评价模型，最终以定量的数值表示评价结果，从而较完整地反映事物质量的综合水平[223]。

（二）物元模型在大型建设项目业主方组织界面整合能力评价中应用的适用性分析

从上文设计的大型建设项目业主方组织界面整合能力评价指标体系中可以看到，大型建设项目业主方组织界面整合能力评价是一个复杂的系统，涉及众多评价因子，而且各因子之间存在大量的不确定性和不相容性信息，有时单项指标间的评价结果往往是不相容的。同时，在大型建设项目业主方整合能力评价指标体系中，有很多指标并不是数值化的，需要通过专家评判的方式给出相应的数值。物元理论是研究和处理不相容问题的理论和方法，它以可拓集合为基础，应用物元变换方法将不相容问题转化为相容问题，可以比较合理地描述自然现象、社会现象中各种事物的内部结构和彼此之间的关系，以及事物的变化趋势。可以看到，将物元模型应用到大型建设项目业主方组织界面整合能力评价中具有很好的适应性，能够对大型建设项目业主方组织界面整合能力进行准确、合理的评价。

（三）物元模型在大型建设项目业主方组织界面整合能力评价中应用的步骤

基于物元模型的大型建设项目业主方组织界面整合能力评价模型建立的步骤如下[224-227]：

第一步：确定经典域与节域。

本书认为，大型建设项目业主方组织界面整合能力水平可分为五个等级，即很高、较高、一般、较低、很低。因此，大型建设项目业主方组织界面整合能力的各评价指标由低到高分为一级、二级、三级、四级及五级五个等级，一级代表很低，二级代表较低，三级代表一般，四级代表较高，五级代表很高。

在与政府部门间界面的管理能力（X_1）指标下，各等级的经典域 R_{0j} 为

$$R_{01} = \begin{bmatrix} 1级 & U_{11} & 0-20 \\ & U_{12} & 0-20 \end{bmatrix}, R_{02} = \begin{bmatrix} 2级 & U_{11} & 20-40 \\ & U_{12} & 20-40 \end{bmatrix},$$

$$R_{03} = \begin{bmatrix} 3级 & U_{11} & 40-60 \\ & U_{12} & 40-60 \end{bmatrix}, R_{04} = \begin{bmatrix} 4级 & U_{11} & 60-80 \\ & U_{12} & 60-80 \end{bmatrix},$$

$$R_{05} = \begin{bmatrix} 5\,\text{级} & U_{11} & 80-100 \\ & U_{12} & 80-100 \end{bmatrix};$$

节域 R_{p1} = [与政府部门间界面的管理能力]，为 R_{p1}

$$= \begin{bmatrix} U_{11} & 0-100 \\ U_{12} & 0-100 \end{bmatrix}。$$

其余指标下各等级的经典域及节域以此类推。

第二步：确定评价指标 X_i 及 U_{is} 的权重。

评价指标体系权重的确定方法有很多种，如专家打分法、层次分析法、熵方法等，各方法都有其自身的特点和局限性。本书选择采用层次分析法确定指标权重，并设一级评价指标 X_i 的权重分配为 a_i（$i=1$，2，…，5），一级指标权重向量 $A=(a_1, a_2…, a_5)$，并且满足 $a_i \geq 0$，且 $\sum\limits_{i=1}^{5} a_i = 1$；设二级评价指标 U_{is} 的权重分配为 a_{is}（$i=1$，2，…，5；$s=1$，2，…，n_i），各二级指标权重向量 $A_i=(a_{i1}, a_{i2}…, a_{in})$，并且满足 $a_{is} \geq 0$，$\sum\limits_{s=1}^{n_i} a_{is} = 1$。

第三步：确定待评物元。

邀请五位专家分别对某一大型建设项目实施过程中业主方组织界面整合情况按照上述指标体系和评价标准进行评级，并取各个专家所赋分值的平均值作为该指标的量值 u_{in}。根据所列指标体系，大型建设项目业主方在组织界面整合能力评价中，待评物元数 m 为 6。设待评对象为 P_m（$m=0$，1，…，5），各自的计算结果用物元 R_m 来表示，称为待评物元。则对大型建设项目业主方组织界面整合能力进行综合评价的待评物元分别为

$$R_1 = \begin{bmatrix} p_1 & U_{11} & u_{11} \\ & U_{12} & u_{12} \end{bmatrix}, \; R_2 = \begin{bmatrix} p_2 & U_{21} & u_{21} \\ & U_{22} & u_{22} \\ & U_{23} & u_{23} \\ & U_{24} & u_{24} \end{bmatrix}, \; R_3 = \begin{bmatrix} p_3 & U_{31} & u_{31} \\ & U_{32} & u_{32} \end{bmatrix},$$

$$R_4 = \begin{bmatrix} p_4 & U_{41} & u_{41} \\ & U_{42} & u_{42} \\ & U_{43} & u_{43} \\ & U_{44} & u_{44} \\ & U_{45} & u_{45} \end{bmatrix}, \quad R_5 = \begin{bmatrix} p_5 & U_{51} & u_{51} \\ & U_{52} & u_{52} \\ & U_{53} & u_{53} \end{bmatrix}, \quad R_0 = \begin{bmatrix} p_0 & X_1 & x_1 \\ & X_2 & x_2 \\ & X_3 & x_3 \\ & X_4 & x_4 \\ & X_5 & x_5 \end{bmatrix}$$

其中,

R_0——对大型建设项目业主方组织界面整合能力的评价物元;

R_1——对大型建设项目业主方对其与政府部门间界面管理能力的评价物元;

R_2——对大型建设项目业主方对其与勘测设计方间界面管理能力的评价物元;

R_3——对大型建设项目业主方对其与监理方间界面管理能力的评价物元;

R_4——对大型建设项目业主方对其与施工方间界面管理能力的评价物元;

R_5——对大型建设项目业主方对组织界面集成管理能力的评价物元;

x_i($i=1$,2,$\cdots$,5)——准则层指标的加权值。

第四步:确定待评物元各指标关于各等级 j 的关联度。

设:

$$K_j(x_i) = \begin{cases} \dfrac{\rho(x_i, x_{0ji})}{\rho(x_i, x_{pi}) - \rho(x_i, x_{0ji})}, & \text{当} \rho(x_i, x_{pi}) - \rho(x_i, x_{0ji}) \neq 0 \text{时} \\ -\rho(x_i, x_{0ji}) - 1, & \text{当} \rho(x_i, x_{pi}) - \rho(x_i, x_{0ji}) = 0 \text{时} \end{cases}$$

其中,$\rho(x_i, x_{0ji}) = \left| x_i - \dfrac{1}{2}(a_{0ji} + b_{0ji}) \right| - \dfrac{1}{2}(b_{0ji} - a_{0ji})$,$\rho(x_i, x_{pi}) = \left| x_i - \dfrac{1}{2}(a_{pi} + b_{pi}) \right| - \dfrac{1}{2}(b_{pi} - a_{pi})$。

上式中,$\rho(x_i, x_{0ji})$ 是点 x_i 与区间 x_{0ji} 的距,$\rho(x_i, x_{pi})$ 是点 x_i 与区间 x_{pi} 的距。

第五步：计算待评事物 P_m 关于各等级 j 的关联度。

如果指标 X_i 的权系数为 a_i ，并且 $\sum_{i=1}^{n} a_i = 1$ ，则：

$$K_j(p) = \sum_{i=1}^{n} a_i K_j(x_i)$$

其中，$K_j(p)$ 是待评事物各指标关于各等级的关联度在考虑指标权重下的组合值。该式不仅是各评价模块关于等级 j 的关联度计算模型，而且是待评事物整体关于评价等级 j 的关联度计算模型。

第六步：等级评定。

若 $K_{j_0}(p) = \max\limits_{j \in (1,\ 2,\ \ldots,\ m)} K_j(p)$ ，则评定 P_m 属于等级 j_0 。

可以看到，运用该方法，不仅能够从整体上对大型建设项目业主方组织界面整合能力进行一个总体的评价，从宏观上分析业主方在组织界面管理中的成效，而且能够将业主方组织界面整合能力的几个方面都能评价出来，从而让业主对于不同参与方之间界面的管理水平有直观的认识，从而找出不足之处，以利于业主方总结组织界面管理的经验。

第五节 大型建设项目业主方组织界面整合能力提升研究

一、提升大型建设项目业主方组织界面整合能力的意义

随着我国综合国力的显著提升，我国立项并实施的大型建设项目日益增多。由于我国对于大型建设项目管理的研究和探讨起步较晚，大型建设项目在实施过程中，经常会出现一些难以协调的矛盾。并且，大型建设项目的建设目标和建设要求的不断提高，使得在大型建设项目实施过程中，业主方面临的项目管理方面的挑战和关系协调的压力越来越大，面临的任务更加艰巨。因此，在大型建设项目实施过程中，业主方必须不断增强自身的组织界面整合能力，应对大型建设项目复杂多变的环境系统，以确保大型建设项目的顺利实施。同时，能力的发挥需要借助于一定的平台才能

实现，因此，分析大型建设项目现有的整合平台存在的不足之处，探讨新的整合平台，对于更好地发挥业主方在大型建设项目实施过程中的组织界面管理能力，具有十分重要的意义。

二、大型建设项目业主方组织界面整合能力提升的方法

前文以大型建设项目实施过程中的五个过程组以及全过程综合管理为主线，建立了大型建设项目业主方组织界面整合能力的体系。业主方要在复杂多变的大型项目建设环境中，保证一贯的界面整合效果，必须不断提升自身界面管理的能力，以应对可能发生的环境的变化。业主方要能够做到这一点，必须具备持续学习的能力。因此，努力建成学习型组织，是业主方应该努力的方向。

彼得·圣吉认为，学习型组织是这么一种组织，在其中，大家不断突破自身的能力上限，创造真心向往的结果，培养全新、前瞻而开阔的思考方式，全力实现共同的抱负，以及不断一起学习如何共同学习[228]。

在大型建设项目实施过程中，作为项目实施的核心，业主方应以不同的专业背景为基础，划分专业知识学习小组，定期举办相关知识技能的培训活动。同时，在大型建设项目实施过程中，业主方还应成立以业主方总负责人为领导、以各不同专业的负责人为协调者的跨专业知识学习领导小组，定期组织学习相关的技术知识和沟通协调能力，加强相关方面的训练，使业主方的形成不断学习、终身学习的氛围，建成学习型业主方，不断更新自身知识，以确保在大型建设项目实施过程中组织界面整合能力的不断提升，以应对复杂变化的环境。

三、大型建设项目业主方组织界面整合平台的构建

（一）建立大型建设项目业主方组织界面整合平台的意义

在大型建设项目实施过程中，信息的传递与交流显得尤为重要，项目的参与者，尤其是项目建设的核心——业主方，需要从其他参与方中得到足够多的信息，以减少各方之间的冲突，以确保项目的成功。要达到这样

的效果，在项目实施过程中，建立起各方都能够充分交流的组织结构模式，为项目参与方之间的交流提供较为完善的沟通平台是很有必要的。

同时，大型建设项目的实施过程中，由于大型建设项目本身的特点以及所选择的设计、监理以及施工等参与方一般都是具有一定的声誉和地位的，他们的工作会有一定的流程及体系，按照一定的工作思路进行，在沟通与交流上会更加倾向于正式的交流机制。正式交流机制在很大程度上能够完成大型建设项目的建设所需要的信息沟通交流的任务，但是信息交流的程序范式使得在交流中信息的传递方式过于正规化，不利于信息传递的有效性和及时性。

另外，在大型建设项目实施过程中，各方之间存在信息不对称的情况。对业主方而言，信息不对称意味着道德风险发生的潜在性。为了能够更好地调动项目建设各参与方的积极性，减少道德风险发生的概率，业主方必须建立一定的激励和约束机制，确保大型建设项目的顺利实施。

综上所述，在大型建设项目实施过程中，为了确保业主方的组织界面整合能力能够更好地发挥作用，保证大型建设项目实施中不同参与方之间能够充分沟通与协调，业主方必须建立包括信息交流机制、奖惩模式等在内的组织界面整合平台，通过平台的构建，确保业主方在大型建设项目中组织界面整合能力作用的充分发挥，以圆满完成大型建设项目建设的任务。

(二) 大型建设项目业主方组织界面整合平台的体系

根据上面的分析，可以看到，建立大型建设项目业主方组织界面整合平台的体系，应该紧紧围绕大型建设项目实施过程，以业主方组织界面整合能力更有效地发挥作用为前提和最终的目标。本书认为，从业主方的角度，在大型建设项目实施过程中，可以建立以下的组织界面整合平台：信息沟通模式、守信激励和失信惩罚机制，以确保大型建设项目实施过程中业主方组织界面能力能够更好地发挥作用，提高整合能力发挥作用的效率。

另外，在信息沟通模式整合平台建立中，一方面要创新信息获得的渠道，即解决信息交流平台的问题；另一方面要完善信息交流的机制，即要在正式交流的基础上，探索非正式交流机制在大型建设项目信息沟通中运用的可行性。

本书所建立的大型建设项目业主方组织界面整合平台的体系如图 5.4 所示。

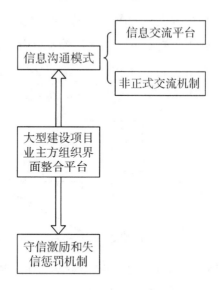

图 5.4　大型建设项目业主方组织界面整合平台的体系

本书下面将分别对这三种组织界面整合平台进行探讨。

（三）大型建设项目信息交流平台的构建

交流是信息与意义的传递和理解[229]。在大型建设项目实施过程中，为了确保项目建设的顺利实施，作为项目实施的主体，业主方与不同的参与方之间应该存在良好的沟通，即业主方需要获取各参与方所应达到的关于项目各方面的要求等各种信息，业主方应通过沟通与交流的过程将这些信息传递给其他参与方，同时其他各参与方将自身的要求以及对上述信息的理解反馈给业主方，以达到业主方与各参与方之间的互动和共同促进的目的。同时，其他参与方之间也存在着信息交流与沟通的需求。因此，建立以业主方为核心的信息沟通与交流的平台显得尤为重要。

1. 大型建设项目现有信息交流平台的优缺点分析

出于投资数额较大、实施周期较长、项目复杂等原因，大型建设项目一般采取传统的 DBB 模式来进行项目的实施组织，即在大型建设项目实施过程中，一般会首先选择设计单位对工程总体或者是工程的某一部分来进行设计，然后通过招标等方式选择施工和监理单位来实施工程。因此在大型建设项目实施过程中，业主方是项目实施的核心，传统的信息交流平台是业主方成立项目指挥部等机构，作为业主方的代表，负责统筹项目的实施。在政府部门的监管下，施工单位、设计单位以及监理单位分别成立针对该项目的项目部，完成各自所承担的责任。大型建设项目实施过程中，在传统的信息交流平台下不同参与方的沟通可以用图 5.5 来示意。

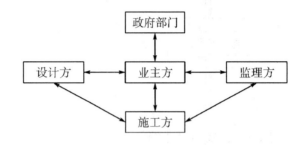

图 5.5　传统信息交流平台下各参与方的沟通

（注：箭头代表信息传递路径）

从图 5.5 中可以看到，在传统的信息交流平台下，项目的实施是以业主为核心，在大型建设项目实施过程中所需要的信息之间的交流在很大程度上是以业主为载体来进行中转的。而由于项目参与各方各自的"经济人"性质，通过载体传递信息会出现信息失真的情况，不利于项目实施过程中信息的交流。而对于大型建设项目的实施而言，准确及时的信息对于各个参与方而言，都具有十分重要的意义的。因此，建立一个能够及时、准确地传递信息的信息交流平台，对于大型建设项目的顺利实施，具有十分重要的意义。

2. 并行工程思想在大型建设项目信息交流平台构建中的可行性分析

并行工程是在产品开发中的一种方法论，与并行工程同时存在的是串行工程。

长期以来，产品开发工作一直采用传统的方法，即"串行""顺序"或"试凑"的方法。这种方法是首先进行市场需求分析，将分析结果交给设计部门，设计人员进行产品设计，然后将图纸交给工艺部门进行工艺设计和制造准备，采购部门根据要求进行采购，在一切都齐备之后进行生产加工和测试；若产品设计结果不令人满意时再修改设计或工艺，再加工、测试，直到满意。由此可见，这种方法在设计过程中各个部门总是独立地进行工作，特别是在设计中不能及早考虑到制造过程及质量保证等问题，造成设计与制造脱节，使产品开发过程成为设计、加工、测试、修改设计的大循环。这种方法不仅造成设计改动量大、产品开发周期长，而且使产品成本提高。传统的串行设计过程，也就是常说的串行工程（serial engineering）[230]。

针对串行工程中所存在的不足，人们提出了并行工程（concurrent engineering，CE）的概念，"并行工程"又称为"同时工程"（simultaneous engineering，SE）或"生命周期工程"（life cycle engineering）。并行工程的提出，大大改变了传统的串行工程的企业组织结构与工作方式，以及人的思维方法。为了实现并行工程，首先要在设计阶段实现设计人员的集成（组织一个跨部门小组，强调小组成员的协同工作），共享信息，在统一有效的管理下，借助先进的通信手段，使各项工作交叉、并行、有序地进行，从而尽早考虑产品整个生命周期中的所有因素，尽快发现并解决问题，以确保设计与制造的一次成功（right the first time）[231]。

可以看到，作为一种工程方法论，并行工程站在产品设计、制造全过程的高度，打破传统的组织结构带来部门分割封闭的观念，强调参与者群体协同工作的效应。并行工程的思想对于加强不同部门之间的联系方面能够起到较好的效果，因此，将该思想应用到创新大型建设项目信息交流平台的构建中，对于加强不同参与方之间的信息交流，以及保证大型建设项目实施过程中信息传递的真实性和及时性，具有十分重要的意义。

3. 基于并行工程思想的大型建设信息交流平台的构建

上文提到，在大型建设项目实施过程中，信息的传递与交流显得尤为重要，项目的参与者需要从其他参与方中得到足够多的信息，减少各方之间的冲突，以确保项目的成功。因此，在项目正式实施过程中，建立各方都能互相交流的信息交流平台是很有必要的。

基于此，本书借鉴并行工程的思想，提出建立并行交叉交流模式，这样就能打破不同参与方之间的界面，使得交流过程犹如一个纵横交错的网络，这样就保证了信息传递的及时性和有效性。并行交叉交流模式下大型建设项目各参与方的信息沟通见图5.6。

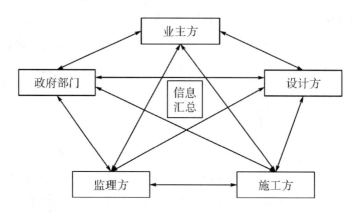

图5.6 并行交叉交流模式下大型建设项目各参与方的信息沟通

从图5.6中可以看到，在并行交叉交流模式下，各参与方之间能够实现直接的沟通，避免了不必要的重复性工作和信息的失真。在该模式下，需要设立一个由各方共同组成的负责信息汇总的机构，负责各方信息的汇总与分发，同时利用信息技术作为媒介，使得各参与方之间能够及时获得其他参与方之间的信息，并能够直接与其他参与方进行沟通。这样，大型建设项目的参与各方就能够获得更为真实、及时的信息。总体而言，并行交叉交流模式对于解决项目实施过程中存在的界面矛盾、对于大型建设项目的顺利实施会起到很好的帮助作用。

（四）大型建设项目非正式交流机制的建立

1. 非正式交流机制在大型建设项目组织界面管理中应用的适用性分析

一般而言，信息交流的方式主要有两种：一种是正式交流，另一种是非正式交流。正式交流机制是指采用传统管理方式从组织的各个部分收集资料，并且处理、汇总和分发这些信息。正式信息交流通常以书面表格和工作描述的形式出现，这些书面描述对组织内不同等级的成员的关系做出了详细的描述。在大型建设项目实施过程中，正式交流是在大型建设项目实施的体系内，依据一定的工作原则所进行的信息传递与交流，它是项目建设所依赖的主要的信息沟通渠道，往往具有权威性特征，是正规的信息、思想和感情交流渠道。非正式交流则是另一种重要的交流沟通渠道。非正式交流机制包括通过会议和谈话进行的人际交流、直接的观察和非正式的报告。会议、会展甚至电话等场合中的交谈、倾听、争论都是非正式交流发生的主要形式，即非正式交流的主要内容。

可以看到，正式交流机制在权威性上无可厚非。大型建设项目内部系统较为复杂，因此，大型建设项目必须坚持正式交流为主的交流机制，以确保大型建设项目的实施按照业主方的要求和标准进展下去，确保业主方的权威性。而与此同时，也必须看到，正式交流机制在信息传递的形式及效率上存在一定的问题，积累下来会影响到大型建设项目实施中信息传递的有效性，形成信息界面，从而对大型建设项目的顺利实施带来一定的障碍。此时，应考虑运用非正式交流机制，将大型建设项目实施过程中信息传递的正式交流与非正式交流相结合。研究表明，绝大部分隐含经验类知识和未编码化知识由于个人属性以及载体大脑的特殊性而难于通过正式交流得到，只有通过非正式交流才能得以扩散。同时，有观点认为，科学家40%的知识是通过非正式交流获取的，工程师通过非正式渠道获取的知识则高达60%以上[232]。大型建设项目的业主方在采用正式交流为主的同时，应根据不同的参与方和不同要求，适当选择非正式交流的方式，这样，一方面能够尽量避免所传递信息在传递过程中的耗损和失真，提高信息传递的质量，另一方面还可以尽量使所选择的交流机制能为项目的参与方所乐意和方便接受。

2. 大型建设项目非正式交流机制建立的方法

一般而言，非正式交流具有以下几个方面的特点[233]：第一，交流迅速，时效性强；第二，具有高度的选择性、直接性和针对性，信息交流更直接、有效；第三，具有很强的过滤、加工和评价功能，避免了盲目性；第四，可从物化的信息中提炼出很有价值的信息，增加了获取信息的手段；第五，富有生动性，可交流言语不可表达的内容，如技术细节、技巧、特殊或独到的方法等。

本书为了能够更好地将非正式交流机制应用到大型建设项目组织界面管理中，首先，分析影响非正式交流机制发挥作用的效果的因素。

研究表明，影响非正式交流的因素，可以用一个结构层次图来进行表示（见图 5.7)[234]。

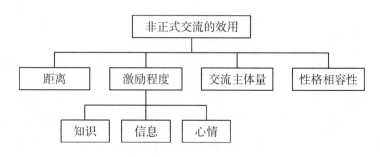

图 5.7　非正式交流效果的影响因素体系

从图 5.7 可以看到，影响非正式交流效果的影响因素主要有四个方面：交流主体之间的距离、交流的激励程度、交流主体的可选择范围（交流主体量）、交流主体之间的性格相容程度。一般而言，非正式交流的效果是在满足外生变量——距离和性格相容性的条件下，由激励程度和交流主体量所决定的。当交流主体的可选择范围较大时，非正式交流更易形成，交流成本将会降低，同时交流的效果更加明显。同时，当通过非正式交流带来的效用大于交流成本时，非正式交流将会进行，而非正式交流的效用可以表现为实现信息的共享、减少个体独自搜寻信息的成本等。

在大型建设项目实施过程中，不同的参与方之间虽然有着各自的利益取向，但是都以顺利完成大型项目的建设任务为共同愿景。因此，在大型建设项目的各参与方之间满足距离和性格相容的条件。因此，在大型建设项目实施过程中，建立非正式交流机制的实施效果将会在很大程度上由交流主体可选择的范围以及非正式交流所带来的效用与成本时间的比较关系来决定。

与正式交流机制相反，非正式交流形式十分自由。非正式交流机制包括通过会议和谈话进行的人际交流、直接的观察和非正式的报告。会议、会展甚至电话等场合中的交谈、倾听、争论都是非正式创新网络发生的主要形式，即非正式交流的主要内容。随着现代信息技术的发展，以信息技术为载体的非正式交流方式的重要性日益凸显，并且大大推动了研发人员非正式交流的发展。电子邮件、互联网等成为知识传递的快捷的新方法，信息技术在非正式网络的建立过程中起着越来越重要的作用[235]。

从非正式交流机制的特点及形式可以看到，非正式交流在信息传递方面能够弥补正式交流中存在的交流主题狭隘、交流内容限制、信息传递较慢等缺点，并且能够减少不同参与方为了搜集信息的成本。在大型项目实施过程中，项目实施的核心业主方应通过建立包括娱乐活动、非正式的会议、信息技术下的网络沟通等在内的非正式交流机制，加强与政府部门、设计方、监理方、施工方之间的联系，以减少彼此之间的隔阂与障碍，提高信息利用的效率，降低大型建设项目实施过程中的不确定性，确保大型建设项目的顺利开展。

（五）大型建设项目守信激励和失信惩罚机制的建立

1. 大型建设项目守信激励和失信惩罚机制建立的意义

研究表明，在大型建设项目实施过程中，参与各方之间拥有的信息数量是不一样的，因此，业主方、施工承包方、设计方以及监理方之间存在着一定的信息不对称现象[236]。将这些现象进行汇总分析，见表 5.1。

表 5.1 大型建设项目实施过程中各参与方的信息不对称现象汇总表

项目 参与主体	信息优势	信息劣势
项目业主	自己的营造意图和财务支付能力	监理、承包商的实际能力、信誉、工作努力程度等
施工承包商	自身的信誉、技术、质量、管理等能力	业主的营造意图和财务支付能力
设计单位	自身的信誉、设计能力	业主的营造意图和承包商的施工能力
监理单位	自身的技术、质量、管理等能力；工程控制中的动态信息	业主的营造意图和财务支付能力；承包商的工作努力程度

从表 5.1 中可以看到，在大型建设项目实施过程中，不同参与方之间所拥有的信息是不尽相同的，这就造成了信息不对称的客观存在。正是如此，各方之间利益的不一致使得"道德风险"发生的可能性很大。因此，

在大型建设项目实施过程中，从业主方角度，建立对施工承包商、设计方以及监理方等其他参与方的守信激励与失信惩罚机制，对于大型建设项目的顺利实施和更好地维护业主方的利益，具有十分重要的意义。

2. 大型建设项目守信激励和失信惩罚机制建立的方法

制度经济学认为，在激励性制度中，只要公共代理人切实履行契约，就能得到相应的回报，这种回报应该能够对公共代理人的正面行为产生激励效果，使其主观能动性和创造性得到充分发挥。同时，制度经济学还认为，强有力的实施机制将使违约成本提高，从而使得任何违约行为都变得不划算，即违约成本大于违约收益。

长期以来，相关的奖惩条款只在与施工方订立的合同中会较高频率地出现和执行，对于其他参与方的约束力度不够，加之参与项目实施的各方均具有"经济人"性质，因此会出现与施工方联合欺诈业主现象的发生。因而，在大型建设项目实施过程中，业主应该通过相关合同条款，建立对设计方、监理方、施工方的守信激励和失信惩罚机制，通过激励和惩罚并举推动各方自觉践约，确保大型建设项目的顺利实施。

第六节　本章小结

本书将大型建设项目实施过程中业主方所要遇到的组织界面管理方面的相关问题归纳在一起，称为大型建设项目业主方组织界面整合度，也就是在大型建设项目实施过程中，针对不同参与方之间目标、组织行为等不同而引起的组织界面矛盾，业主方进行协调和整合，以确保大型建设项目顺利实施。本章从各个不同的角度给组织界面整合能力下定义，经过研究分析确定了大型建设项目业主方组织界面整合能力评价体系，包括对常用模型进行对比分析从而确定利用物元模型建立了评价模型。此外，本章更是对组织界面整合能力的提升做了相关研究，提出了能力提升的重大意义和建立学习型组织的提升方法，同时还提出了构建大型建设项目业主方组织界面整合平台，不仅建立了界面整合平台的体系，还对现有信息交流平台以及构建的平台进行了分析。并且为了推动大型建设项目顺利实施，本章还研究建立了相关机制，包括非正式交流机制、守信激励和失信惩罚机制。

第七章 FLX 水利枢纽工程业主方界面管理分析

FLX 水利枢纽工程是新中国成立以来广东省建设规模最大的综合性水利枢纽工程，工程于 1994 年动工兴建，1999 年 10 月全部发电机组并网发电，工程全部完工。本章以该工程实施过程为背景，从业主方的角度重新审视在该工程建设过程中所存在的行为界面和组织界面矛盾，指出业主方在该工程实施过程中应具备的界面管理能力，对于总结业主方大型建设项目界面管理的经验，完善界面管理的知识结构体系，具有十分重要的理论和现实意义。

第一节 FLX 水利枢纽工程概况

一、FLX 水利枢纽工程总体情况

FLX 水利枢纽位于广东省清远市东北方约 40 千米的北江河段上。它以防洪为主，同时兼有发电、航运、供水和改善生态环境等作用，是北江流域综合治理的关键工程。该枢纽坝址控制流域面积达 3.41 万平方千米，占北江流域面积的 73%，水库总库容为 19.04 亿立方米，防洪库容为 13.36 亿立方米，多年平均年发电量 5.54 亿千瓦·时。FLX 水利枢纽工程的开发目标以防洪为主，兼顾航运、发电、养殖、供水、旅游和改善生态环境。

FLX 水利枢纽是北江流域综合治理和开发利用的关键性工程，与北江

大堤联合运用组成北江中下游防洪体系，可将北江下游防御洪水标准从 50 年一遇，提高到 200 年一遇，北江大堤达到防御 100 年一遇洪水标准后，堤库联合运用可防御 300 年一遇洪水。枢纽设有 500 吨级单线一级船闸，单向年通过能力达 475 万吨。枢纽电站装机 14 万千瓦，设计年发电量为 5.55 亿度。

FLX 水利枢纽为一等工程，挡水建筑物为 1 级，按 500 年一遇洪水标准设计，按 5 000 年（土坝和副坝 10 000 年）一遇洪水校核。枢纽建筑物由溢流坝、主土坝、船闸、电站厂房、4 座副坝和社岗防护工程等建筑物组成，坝顶高程 34.8 米，主河床坝顶长 2 358 米，最大坝高 52.3 米。

该工程主要工程量为土石方开挖 1 204.4 万立方米，土石方填筑 800 万立方米，混凝土及钢筋混凝土 108.8 万立方米，金属结构安装 1.06 万吨，帷幕（固结）灌浆 2.31 万米，混凝土防渗墙 5.1 万平方米。工程静态投资达 42.9 亿元，总投资达 52.9 亿元。水库淹没及工程占用耕地达 2 240平方米，迁移人口达 3.9 万人[237]。

二、FLX 水利枢纽工程的建设历程

1992 年，国务院批准兴建 FLX 水利枢纽；1993 年下半年，广东省人民政府决定成立工程建设总指挥部；1994 年 10 月 18 日动工兴建；1996 年 10 月，成立广东省 FLX 水利枢纽建设管理局；1998 年大江截流；1999 年 3 月 30 日水库蓄水，同年 10 月，全部发电机组并网发电，工程全部完成[238]。

三、FLX 水利枢纽工程的建设管理

FLX 水利枢纽工程由 FLX 水利枢纽建设管理局（前身为工程建设总指挥部），以"建管合一"的模式组织工程的建设和管理。"建管合一"使建设管理单位充分考虑运行管理的需要，又使运行人员提前介入工程建设过程，对发挥枢纽的最大效益有极大作用。

在 FLX 水利枢纽工程建设管理过程中，推行了三项制度：一是项目法

人责任制。在 FLX 水利枢纽工程实施过程中，推行了项目法人责任制，整个建设项目对投资主体负责，对工程建设、工程管理全过程负责，参与建设的施工、监理和设计等单位与项目法人的关系都是合同关系，改变了过去水利建设项目由建设和管理两个独立行为主体组成、建管脱节的状况。二是招标投制度。在 FLX 水利工程建设中，为加快工程建设速度，工程建设总指挥部依据工程的特点及广东水利施工企业的施工能力按概算下浮承包的原则签订施工承包合同，并在机电设备设计达到招标条件时，进行招标采购。三是建设监理制度。工程建设总指挥部委托建设监理对 FLX 水利工程实施施工监理，全面管理 FLX 水利工程的建设合同，对建设工期、质量、投资进行控制管理，对施工现场进行监理，并协调好建设各方的关系。虽然现在看来，这三项制度已经较为成熟，但是在当时却开创了广东省水利建设管理的先河。

可以看到，在 FLX 水利枢纽工程实施过程中，采取的是典型的 DBB 建造模式，即先选择设计单位进行工程的设计，并划分相应的标段，在工程设计基本完成时，分标段进行工程施工单位及设备安装单位的招标。在实施中聘请的监理对工程的质量、进度、投资等进行现场管理。

FLX 水利枢纽工程的设计单位为水利部珠江委员会勘测设计研究院，监理单位为广东省水利电力勘测设计研究院，施工单位有广东省水电二局和三局、广东省机电安装公司、广东省水电安装公司等单位。下面以 FLX 水利枢纽工程的实施为背景，探讨业主方在工程项目实施过程中的界面管理问题。

第二节　FLX 水利枢纽工程实施过程中行为界面管理

按照前文提出的 DBB 模式下大型建设项目实施过程中业主方行为界面管理的思路，从业主方的角度针对 FLX 水利枢纽工程实施过程中的行为界面进行识别，找出实施过程中的行为界面矛盾，并提出界面矛盾解决的方法。

一、FLX 水利枢纽工程全寿命周期的阶段划分

与一般大型项目的建设程序一样，水利工程的建设也需要经历前期策划决策、规划设计、建设实施、结束等阶段，在各个阶段将面临的任务也如前文所说。但是水利工程的特殊性和重要性使得水利工程项目在立项前要经过很长时间的研究和调查，国家在对水利枢纽工程进行审批时，需要经过较长时间的论证，并且涉及较多的部门和地区，需要进行广泛的协调。另外，在水利枢纽工程建成投产后，装机测试及运行维护所需要的成本也比普通的大型水利工程要大得多，其所产生的社会效益远比经济效益重要。

二、FLX 水利枢纽工程实施过程中存在的行为界面矛盾的识别

FLX 水利枢纽工程在实施过程中，通过工作分解结构（WBS），可以看到，在各个阶段之间及各个阶段内部也存在很多界面矛盾。下面分别就各个阶段之间以及各阶段内部的界面矛盾进行分析。

（一）前期策划决策阶段与规划设计阶段之间的界面矛盾

FLX 水利枢纽工程从最初构想到开始决策，经历了几十年的时间。由于水利工程的特殊性及水文数据分析的难度大等，在前期决策阶段形成的方案会经过较多的修正，同时还要经过政府部门逐级审批论证，以及在下达给勘测设计单位的设计任务书中并不能够较完整地反映出设计的要求，而这些对规划设计阶段的顺利开展都有很大影响。

（二）规划设计阶段与施工实施阶段之间的界面矛盾

对水利工程而言，其本身的质量状况涉及国防、经济建设、人民群众的安全等一系列问题。因而其设计得是否安全、合理，施工质量是否达到标准，是至关重要的。由于 FLX 水利枢纽工程规模较大，在规划设计完成后，业主方需要对工程划分标段，并分别选择施工承包商进行工程的施工。规划设计阶段的成果如何更好地被施工承包商所利用，对于工程项目的顺利实施意义重大。

（三）施工实施阶段与结束阶段之间的界面矛盾

FLX水利枢纽工程实施的最终目的是要发挥该水利枢纽工程的防洪、航运、发电和改善生态环境等方面的功能，为北江流域的综合治理和开发利用作出贡献。因此，FLX水利枢纽工程施工实施阶段的质量，对于其运行后发挥作用的效果以及运行维护的成本，有直接的影响。施工实施阶段与结束阶段之间的界面矛盾解决得成功与否，对于FLX水利枢纽工程是否成功运转至关重要。

（四）FLX水利枢纽工程实施过程中各阶段内部的界面矛盾

在FLX水利枢纽工程前期策划决策阶段，面临对整个项目建设整体目标的确定、工程建设地址的确定、项目可行性研究及项目的报审工作，并且前一个环节的工作决定后一环节的工作。

在FLX水利枢纽工程规划设计阶段，从初步设计到施工图设计，要考虑很多方面的因素，如工程设计方案施工工期、工程设计规模、工程总体布局，并且在水利部珠江委员会勘测设计研究院内部不同的专业之间，也有一定的界面矛盾，这些界面矛盾都需要得到解决。

在FLX水利枢纽工程施工实施阶段，工程是由几个单位共同参与实施的，因此，在不同的参与方之间可能会形成一定的界面矛盾，影响工程建设的顺利开展。另外，水利枢纽工程的实施将会带来一定的移民问题，而移民问题处理得是否妥当与顺利，将影响枢纽工程进展的快慢。同时，FLX水利枢纽工程涉及很多的设备安装与调试工作，这在行动上可能会与施工方产生一定的冲突与矛盾，形成界面问题。

在FLX水利枢纽工程结束阶段，要对工程进行竣工验收和结算，FLX水利枢纽工程牵扯的参与方很多，还涉及设备调试等内容，因此，如何确定验收顺序及设备调试的时间安排等问题，都是结束阶段需要考虑的界面矛盾问题。

三、FLX水利枢纽工程实施过程中行为界面管理方法

FLX水利枢纽工程的构思经历了很长的时间。由于历史上珠江流域灾

害频繁发生，人们一直在谋划着整治珠江流域洪水的方案，勘测设计也在进行，但从未得到落实。1979年水利部珠江水利委员会成立，确立了西江、北江中下游、东江中下游、郁江中下游、柳江中下游等堤库结合防洪工程体系的规划布局；1982年5月9日至14日，北江中下游地区普降大暴雨，北江发生特大洪水。洪水过后，珠委勘测设计院的规划人员在对北江横石水文站历史洪水进行复核时发现，过去对历史洪水资料的分析有较大的误差，这对FLX工程的防洪作用的认识又进了一步，也就是要防御1915年的洪水，必须用FLX水库和北江大堤相结合才能实现。此时，FLX水利枢纽工程被正式提上了日程。

按照1987年提出的初步设计，FLX水利枢纽工程是采取明渠导流过船通航的办法，即在北江干流右岸，重新挖一条宽400米、长1 000多米的导流明渠。开挖明渠需挖土方500万立方米，浇筑混凝土11万立方米，需时两年多。这样，整个FLX水利枢纽的建设，至少要七年半的时间。为了节省时间，FLX水平枢纽的设计者进一步优化枢纽总体布置方案，提出用河床导流，将主坝混凝土建筑左移300米，让出右边主河床一部分进行导流。这样不仅减少了导流工程开挖量，保证引洪、施工和通航的水量、水深，还可使临时工程和永久工程同时动工，既减少了投资，又使两个枯水期的工程能在一个枯水期完成[239]。

从上面的介绍中可以看到，FLX水利枢纽工程在构思及初步设计中，面临着很多的阻力和困难，即界面矛盾大量存在，但是通过建设单位与政府、其他参与方之间的沟通，都顺利得到了解决。

在对FLX水利枢纽工程实施进行管理时，另外面临的重要课题便是业主方管理机构的建立。以前水利工程项目建管分离、责任不清，使得水利工程项目在建设过程中会出现一系列的纠纷，同时建成投产后的水利工程项目在运行管理上也会出现较大的问题。为了避免这些问题的出现，当国务院批准兴建FLX水利枢纽之后，广东省人民政府在1993年下半年便成立了广东省FLX水利工程建设领导小组，随后成立了FLX水利工程建设总指挥部；1996年10月，成立广东省FLX水利枢纽建设管理局；2001年11

月，更名为广东省 FLX 水利枢纽管理局，是负责 FLX 水利枢纽建设和管理的事业法人单位。1997 年广东省人民政府颁布了第十七号令《广东省 FLX 水利枢纽工程管理办法》，明确了广东省 FLX 水利枢纽建设管理局是 FLX 水利枢纽的建设和管理机构。同时，有关部门对广东省 FLX 水利枢纽建设管理局提出了"建管合一，综合经营一起上"的要求。明确要求集水库投资多元化、资产产权明晰化、供电供水价格商品化、水库服务有偿化于一体，实现良性运行。可以看到，这种"建管合一"的做法，确立了 FLX 水利枢纽工程建设的主体，为 FLX 项目建设的顺利实施提供了保障。

在勘测设计过程中，FLX 水利枢纽建设管理局（业主方）及时与设计方进行沟通，优化了枢纽的总体布置方案，敦促设计单位内部不同专业之间的交流沟通，实现了专业之间的无缝衔接，确保了工程设计的有效性；同时根据设计方案，对工程进行了标段的划分，并通过招标选择了广东省水电二局和三局、广东省机电安装公司、广东省水电安装公司等施工单位，安排设计方与这些施工单位之间进行技术交底，确保工程的顺利实施。

FLX 水库淹没土地 4.6 万亩，搬迁人口近 4 万人，该项目是广东水利建设史上涉及移民最多的项目。在 FLX 水利枢纽移民工程中，作为项目实施的主体，广东省人民政府与水利枢纽 FLX 所在地清远市人民政府签订了《广东省 FLX 水利工程征地移民迁安总承包协议书》。清远市政府把移民安置纳入当地脱贫攻坚计划，引导移民利用当地资源大力发展"两高一优"农业，引进内资、外资发展二、三产业，解决劳动力出路，高质量地完成了 FLX 水利枢纽工程的移民工作，顺利解决了 FLX 水利枢纽建设中的移民矛盾。

同时，在施工过程中，业主方通过合同的形式约束了施工方与监理方的职责和工作，并采取相应的激励措施以调动施工方与监理方的工作积极性，确保了项目的顺利实施。

第三节　FLX 水利枢纽工程实施过程中组织界面管理

一、FLX 水利枢纽工程实施过程中业主方与其他参与方之间的界面矛盾

在 FLX 水利枢纽工程实施过程中，涉及的参与方较多，主要的参与方有政府相关部门、勘测设计部门、监理单位、建筑施工单位等。业主方与这些主要参与方之间的界面矛盾主要体现在以下几个方面：

第一，由于 FLX 水利枢纽工程涉及国计民生的水利工程，在立项阶段，国家做了大量的论证工作，对该工程的实施从技术、方案设计、资金投入等方面均进行了控制。

第二，由于 FLX 水利枢纽工程在规划设计时面临的不确定性因素较多，并且工程具有重要战略地位，工程的总体规划方案在论证讨论的过程中面临很多的不确定性因素，勘测设计单位需要适时对方案进行调整。

第三，在 FLX 水利枢纽工程实施过程中，监理方的主要职责就是协助业主方对施工单位实施的质量、进度和费用等进行控制，可以看到，对施工方而言，监理方在工程实施过程中具有一定的权威性，因而也会发生监理方与施工方合谋欺骗业主情况，会对工程的实施带来一定的负面影响。

第四，在 FLX 水利枢纽工程实施过程中，由于业主方与施工方存在着信息不对称的情况，并且由于施工方的经济人性质，实施过程难免会出现偷工减料、降低工程质量、与设计方、监理方合谋、提出施工索赔等情况。另外，业主方希望 FLX 水利枢纽工程能够尽早完工，以尽快实现其泄洪、发电等方面的功能，这对于施工方提出了更高的要求，对施工方的经济利益也会产生一定的影响。

二、FLX 水利枢纽工程业主方组织界面整合平台的构建方法

FLX 水利枢纽工程属于政府工程，因而其在建设过程中，政府部门从论证到规划设计以及工程的实施都参与其中，为工程的顺利实施提供了良

好的条件和环境。

在与勘测设计单位的界面管理中，为了能够保证工程的质量和进度，业主方经常与设计方进行沟通交流，引导设计方对总体设计方案进行优化，为工程的提前竣工和节省投资服务。并且通过激励机制，激发设计单位的潜能，以最大程度地为 FLX 水利枢纽工程的顺利实施尽自己的职责。

在 FLX 水利枢纽工程实施过程中，业主方对监理单位在合同条款上进行了约束与激励，同时还加强了对业主方自身内部人员的教育，提高了工作的效率，建立和完善了业主方内部人员的监督和考核机制，对监理方的工作适时进行监督约束，使监理方能够较好地履行自身的职责。

在 FLX 水利枢纽工程施工中，业主方为了能够调动施工方的积极性，在确保工程质量的前提下提前完成工程，业主方在合同中对施工方的工期和质量方面都设置了激励的条款，利用经济杠杆原理，用重奖、重罚的手段，使施工单位集中人力、物力，突击完成关键线路的工作，起到很好的作用。同时在处理索赔问题上，建立了如下的机制：首先由要求补偿方提出索赔报告→监理根据有关记录及资料审核索赔报告→监理与索赔方之间进行辩解澄清→确定补偿与否及应补偿的金额→监理编写备忘录报建设单位审批；其次建设单位根据合同条款并结合实际情况进行批复建设监理，建设监理根据建设单位的批复意见再答复要求补偿方。

三、FLX 水利枢纽工程业主方组织界面整合能力的评价

为了能够衡量工程项目建设的核心业主方在 FLX 水利工程工程建设过程中的组织界面的协调处理能力，总结经验，找出不足之处，为今后我国水利枢纽工程项目业主方的界面管理工作提供有益的借鉴和参考意义，运用前文所建立的业主方组织界面整合度的评价方法，通过专家调查问卷的形式，针对 FLX 水利枢纽建设管理局在 FLX 水利枢纽工程建设过程中的组织界面管理能力对 10 位专家进行了问卷调查。本书在对调查结果进行处理的基础上，按照上文数学分析的步骤，进行了分析。

首先，本书根据第五章建立的业主方组织界面整合度的指标体系和评

价模型，并综合 10 位专家的建议，确定 FLX 水利枢纽工程 5 个评价等级所对应的分值区间与专家得分，如表 6.1 所示。

表 6.1 FLX 水利枢纽工程评价等级标准

一级指标	二级指标	评价等级					FLX 工程 得分
		I	II	III	IV	V	
与政府部门间 界面的管理能力 X_1	项目审批顺利程度 U_{11}	0~20	20~40	40~60	60~80	80~100	93
	实施中政府环境总体情况 U_{12}	0~20	20~40	40~60	60~80	80~100	85
与勘测设计方间 界面的管理能力 X_2	工程变更管理情况 U_{21}	0~20	20~40	40~60	60~80	80~100	67
	设计成果与实际要求符合程度 U_{22}	0~20	20~40	40~60	60~80	80~100	78
	限额设计实施效果 U_{23}	0~20	20~40	40~60	60~80	80~100	62
	政府对设计审核情况 U_{24}	0~20	20~40	40~60	60~80	80~100	77
与监理方间 界面的管理能力 X_3	监理方工作主动性情况 U_{31}	0~20	20~40	40~60	60~80	80~100	76
	监理方与业主沟通情况 U_{32}	0~20	20~40	40~60	60~80	80~100	69
与施工方间 界面的管理能力 X_4	工程质量综合情况 U_{41}	0~20	20~40	40~60	60~80	80~100	87
	工程进度实施情况 U_{42}	0~20	20~40	40~60	60~80	80~100	89
	工程费用控制情况 U_{43}	0~20	20~40	40~60	60~80	80~100	82
	工程索赔管理情况 U_{44}	0~20	20~40	40~60	60~80	80~100	93
	工程验收通过情况 U_{45}	0~20	20~40	40~60	60~80	80~100	94
组织界面 集成管理能力 X_5	信息共享程度 U_{51}	0~20	20~40	40~60	60~80	80~100	83
	冲突处理情况 U_{52}	0~20	20~40	40~60	60~80	80~100	89
	风险应对情况 U_{53}	0~20	20~40	40~60	60~80	80~100	94

其次，本书通过层次分析法确定指标的权重，根据各位专家的打分，再通过相应的分析和计算，确定权重如表 6.2 所示。

表 6.2 评价指标权重

指标	U_{11}	U_{12}	U_{21}	U_{22}	U_{23}	U_{24}	U_{31}	U_{32}	U_{41}	U_{42}	U_{43}	U_{44}	U_{45}	U_{51}	U_{52}	U_{53}
权重	0.044 9	0.051 3	0.154 1	0.085 1	0.091 2	0.007 4	0.007 6	0.190 3	0.007 7	0.007 6	0.018 6	0.018 8	0.017 3	0.102 3	0.017 2	0.178 6

同时本书根据待评物元和专家打分情况，确定待评价物元各指标各个等级 j 的关联度，计算结果如表 6.3 所示。

表 6.3　评价各指标登记的关联度

一级指标	二级指标	等级				
		I	II	III	IV	V
与政府部门间界面的管理能力 X_1	项目审批顺利程度 U_{11}	-0.912 5	-0.883 3	-0.825 0	-0.650 0	6.000 0
	实施中政府环境总体情况 U_{12}	-0.812 5	-0.750 0	-0.625 0	-0.250 0	0.500 0
与勘测设计方间界面的管理能力 X_2	工程变更管理情况 U_{21}	-0.587 5	-0.450 0	-0.175 0	0.269 2	-0.282 6
	设计成果与实际要求符合程度 U_{22}	-0.725 0	-0.633 3	-0.450 0	0.100 0	-0.083 3
	限额设计实施效果 U_{23}	-0.525 0	-0.366 7	-0.050 0	0.055 6	-0.321 4
	政府对设计审核情况 U_{24}	-0.712 5	-0.616 7	-0.425 0	0.150 0	-0.115 4
与监理方间界面的管理能力 X_3	监理方工作主动性情况 U_{31}	-0.700 0	-0.600 0	-0.400 0	0.200 0	-0.142 9
	监理方与业主沟通情况 U_{32}	-0.612 5	-0.483 3	-0.225 0	0.409 1	-0.261 9
与施工方间界面的管理能力 X_4	工程质量综合情况 U_{41}	-0.837 5	-0.783 3	-0.675 0	-0.350 0	1.166 7
	工程进度实施情况 U_{42}	-0.862 5	-0.816 7	-0.725 0	-0.450 0	4.500 0
	工程费用控制情况 U_{43}	-0.775 0	-0.700 0	-0.550 0	-0.100 0	0.125 0
	工程索赔管理情况 U_{44}	-0.912 5	-0.883 3	-0.825 0	-0.650 0	6.000 0
	工程验收通过情况 U_{45}	-0.925 0	-0.900 0	-0.850 0	-0.700 0	5.000 0
组织界面集成管理能力 X_5	信息共享程度 U_{51}	-0.787 5	-0.716 7	-0.575 0	-0.150 0	0.214 3
	冲突处理情况 U_{52}	-0.862 5	-0.816 7	-0.725 0	-0.450 0	4.500 0
	风险应对情况 U_{53}	-0.925 0	-0.900 0	-0.850 0	-0.700 0	5.000 0

最后，本书根据关联度计算模型的公式，逐一计算待评价事物关于各等级 j 的关联度。在计算出结果后，对其进行等级评定，如表 6.4 所示。

表 6.4　指标综合关联度及最终评价结果

准则层	综合关联度					评价等级
	I	II	III	IV	V	
与政府部门间界面的管理能力	-0.082 652 5	-0.078 136 667	-0.069 105	-0.042 01	0.295 05	V
与勘测设计方间界面的管理能力	-0.205 383 75	-0.161 245	-0.072 967 5	0.056 175 128	-0.080 809 799	IV
与监理方间界面的管理能力	-0.121 878 75	-0.096 538 333	-0.045 857 5	0.079 37	-0.050 926 19	IV
与施工方间界面的管理能力	-0.060 576 25	-0.057 435	-0.051 152 5	-0.032 305	0.244 808 333	V

表6.4(续)

准则层	综合关联度					评价等级
	I	II	III	IV	V	
组织界面集成管理能力	−0.260 601 25	−0.248 101 667	−0.223 102 5	−0.148 105	0.992 321 429	V
综合评价	−1.201 583 75	−1.034 811 667	−0.701 267 5	−0.025 644 744	1.808 566 117	V

对 FLX 水利枢纽建设管理局在 FLX 水利枢纽工程界面管理能力进行评价的结论如下：FLX 水利枢纽建设管理局与政府部门间界面管理的能力为 5 级，与勘测设计方间的界面管理能力为 4 级，与监理方间的界面管理能力为 4 级，与施工方间的界面管理能为 5 级，对组织界面集成管理能力为 5 级。总体而言，FLX 水利枢纽建设管理局在 FLX 水利枢纽实施过程中组织界面整合能力为 5 级。

第四节　FLX 项目界面管理实施总结

通过上面的分析可以看到，FLX 水利枢纽建设管理局在 FLX 水利枢纽工程实施过程中与政府部门、勘测设计单位、监理单位、施工单位之间的关系较好，处理好了与它们之间的界面问题，为 FLX 水利枢纽工程的顺利实施提供了良好的保障。

第五节　本章小结

本章通过对 FLX 水利枢纽工程进行具体的案例介绍，从而分析其中存在的行为界面管理和组织界面管理，进而分别识别出存在的一些行为界面矛盾和组织界面矛盾，并且针对这些矛盾提出了自己的见解和管理的方法建议。本章结合第五章中构建的大型建设项目业主方组织界面整合能力评价指标体系及相应的计算方法，对 FLX 水利枢纽工程施工过程中组织界面整合能力进行了评价，得出 FLX 水利枢纽建设管理局与各单位间界面问题处理良好的结论，更是验证了前文所构建的指标体系的合理性。

第八章　大型建设项目业主方界面管理建议

　　随着我国综合国力的显著提升，落地的大型建设项目越来越多。由于对大型建设项目管理较为复杂，大型建设项目在实施过程中，经常会出现一些难以协调的矛盾。而且在大型建设项目实施过程中，大型建设项目的建设目标和建设要求的不断提高使业主方面临的项目管理方面的挑战和关系协调的压力越来越大，面临的任务更加艰巨。因此，本书对大型建设项目业主方界面管理提出了一些建议，以应对大型建设项目复杂多变的环境系统，并且确保大型建设项目的顺利实施。

　　由于大型建设项目具有建设周期长、管理复杂等特点，业主方应从项目可行性研究阶段开始，识别各界面存在的风险，对风险进行评估与分析，提出风险应对策略，以便于后期的风险控制。业主方还需要对界面矛盾在较长时间范围内的发展变化进行实时监控，以便及时解决随项目推进而新增或变化的界面矛盾，及时采取动态控制措施。同时，还要从项目策划阶段开始不断预测未来可能面临的界面管理风险，做好各类风险应对方案。

　　此外还要建立信任机制，在具体实践中组织各方进行良好的沟通以及交流，积极增强各方之间的信任度和培养合作默契，进而减少风险的产生，尤其是道德风险。对于失信违规事件，业主方要花费大量额外精力、时间进行核查、处理。建立并利用包括企业、人员、项目、信用数据的信用体系，消除信息不对称，促进市场公平竞争，很大程度上避免此类问题的发生。

当然业主方也要从各个方面完善管理制度，加大制度层面的控制力度，强化对业主以及大型建设项目各个利益相关方的行为约束，全面提高风险防范和控制能力，最大程度上减少项目损失，提高界面管理整合能力，更好地推动项目建设的顺利进行。

第九章　总结与展望

本书以 DBB 模式下大型项目建设实施为背景，从业主方角度分析了在其实施过程中所存在的行为界面矛盾和组织界面矛盾，并分别提出了界面矛盾的解决方法。本书所做的努力如下：

第一，本书在承认前人对界面解释的同时，从系统论角度出发，诠释了界面的内涵及界面矛盾的产生机理，并提出了"正界面"和"负界面"的含义，在此基础上，对 DBB 模式下大型建设项目界面及界面管理的内容进行了剖析，提出了大型建设项目界面管理的任务。

第二，本书从业主方角度，重点考察了 DBB 模式下大型建设项目业主方行为界面和组织界面管理的问题。在对行为界面管理的探讨中，本书提出用 WBS 的方法对大型建设项目的工作进行结构分解，以此识别出大型建设项目行为界面。在此基础上，从项目实施过程各个阶段之间及各阶段内部程序之间两个角度分别考察了大型建设项目的界面管理问题；在对组织界面管理的探讨中，提出用 FTA 的方法，对大型建设项目实施过程中的组织界面进行识别，并运用委托—代理理论、博弈论等方法，分别对大型建设项目实施过程中的业主方与政府部门、勘测设计单位、监理单位、施工单位之间的界面提出了界面管理的方法。同时，为了能够更好地分析大型建设项目业主方组织界面管理的能力，本书提出了组织界面整合度的概念，通过建立数学模型，对其进行了评价，在此基础上，提出了大型建设项目组织界面的整合机制。

第三，本书在理论研究的基础上，对 FLX 水利枢纽工程实施过程中所存在的界面矛盾，从业主方的角度进行了识别，并对其实施过程中的管理工作进行了分析评价，提出了相关的建议。

笔者由于能力所限，对大型建设项目界面管理的研究缺乏一定的深度，对相关问题的探讨还有很多不足之处。大型建设项目复杂的界面对于其顺利实施会产生很大的影响，对此的探索应更加深入透彻，这需要在今后的研究中继续深入。

参考文献

[1] TURNER S G, UTLEY D R, WESTBROOK J D . Project managers and functional managers: a case study of job satisfaction in a matrix organization [J]. Project Management Journal, 1998, 29 (3): 11-19.

[2] RUSSELL D. Archibald. Managing High-Technology Programs and Projects [M]. Beijing: Tsinghua University Press, 2004.

[3] SONG M, THIEME R J. A cross-national investigation of the R&D-marketing interface in the product innovation process [J]. Industrial Marketing Management, 2006, 35 (3): 308-322.

[4] SONG X M, PARRY M E. The R&D-marketing interface in Japanese high-technology firms [J]. Journal of Product Innovation Management, 1992 (6): 91-112.

[5] GUPTA A K, RAJ S P, WILEMON D. The R&D-marketing interface in high-technology firms [J]. Journal of Product Innovation Management, 1985 (3) 12-24.

[6] SONG X M, NEELEY S M, ZHAO Y. Managing R&D-marketing integration in the new product development process [J]. Industrial Marketing Management, 1996 (11): 545-553.

[7] CHUA D K, GODINOT M. Use of a WBS matrix to improve interface management in project [J]. Journal of Construction Engineering and Management, 2006 (1): 67-79.

[8] CHEN Q, REICHARD G, BELIVEAU Y. Multiperspective approach

to exploring comprehensive cause factors for interface issues［J］. Journal of Construction Engineering and Management，2008（134）：432-441.

［9］TANG C S. A review of marketing-operations interface models：from co-existence to coordination and collaboration［J］. Journal of Construction Engineering and Management，2010，123（1）：22-40.

［10］WINKLER J，STEIN R，et al. Interface network models for complex urban infrastructure systems［J］. Journal of Infrastructure Systems，2011，17（4）：138-150.

［11］YUN S，MULVA S P，BRIEN W J. A quantitative approach for measuring managerial interfaces in the development of a capital project［J］. Construction Research Congress，2012：1410-1419.

［12］RAHMANI K，THOMSON V. Ontology based interface design and control methodology for collaborative product development［J］. Computer-Aided Design，2012，44（5）：432-444.

［13］SHOKRI S，SAFA M，HAAS C T，et al. Interface management model for mega capital projects［J］. Construction Research Congress，2012（5）：447-456.

［14］DEKKERS R，CHANG C M，KREUTZFELDT J. The interface between "product design and engineering" and manufacturing：a review of the literature and empirical evidence［J］. International Journal of Production Economics，2013，144（1）：316-333.

［15］官建成，靳平安. 企业经济学中的界面管理研究［J］. 经济理论与经济管理，1995（6）：67-69.

［16］许允琪. IT 企业新产品开发项目中 R&D—营销界面整合机制使用研究［D］. 杭州：浙江大学，2007.

［17］龚艳萍. 动态环境下企业研发与市场营销界面管理柔性化研究［D］. 长沙：中南大学，2005.

［18］李彦. 高技术产业化 R&D 市场营销界面管理［D］. 武汉：武

汉理工大学，2001.

[19] 丛培成. 高新技术企业 R&D—营销界面管理研究 [D]. 北京：对外经济贸易大学，2004.

[20] 张庆锋. 企业技术创新过程中 R&D—生产制造界面管理研究 [D]. 南京：南京工业大学，2005.

[21] 官建成，张华胜，高柏杨. R&D—市场营销界面管理的实证研究 [J]. 中国管理科学，1999，7（2）：8-16.

[22] 李凤莲，马锦生. 企业技术创新与营销的界面管理 [J]. 哈尔滨商业大学学报（自然科学版），2002，18（5）：593-596.

[23] 官建成，罗艳. 北京地区 R&D—市场营销界面管理的实证比较研究 [J]. 管理工程学报，2000，14（增刊）：55-60.

[24] 许慧敏，谭明，王燕. 联盟企业间 R&D—市场营销界面管理研究 [J]. 科技进步与对策，2007，24（4）：121-123.

[25] 王璐. 高技术企业：传统企业间界面管理 [D]. 武汉：武汉理工大学，2002.

[26] 周珊珊. 高技术企业与风险投资企业间界面管理研究 [D]. 武汉：武汉理工大学，2002.

[27] 陈捷. 高技术企业与金融机构界面管理 [D]. 武汉：武汉理工大学，2002.

[28] 陈静. 科研机构与高技术企业间界面管理研究 [D]. 武汉：武汉理工大学，2002.

[29] 姜保平，傅道春. 工程建设项目的界面管理 [J]. 苏州科技学院学报（工程技术版），2005，18（1）：47-51.

[30] 郑磊. 房地产开发项目的界面管理 [J]. 中国房地产，2006（1）：73-75.

[31] 程兰燕，丁烈云. 大型建设工程项目合同界面管理 [J]. 建筑经济，2004（1）：59-61.

[32] 王亦澍. 施工总承包管理界面剖析 [J]. 施工企业管理，2007

（8）：18-20.

[33] 王亦澍. 施工总承包与专业分包的管理界面研究 [J]. 建筑施工, 2006, 28（9）：748-753.

[34] 李建新, 曹霞. 浅论项目管理中的组织界面管理 [J]. 技术经济与管理研究, 2003（3）：19-21.

[35] 刘红梅, 张星. 从业主角度谈大型项目合同界面管理 [J]. 基建优化, 2007, 28（1）：22-24.

[36] 李立新. 大型建设项目设计界面的有效管理 [J]. 建筑经济, 2004（10）：71-74.

[37] 苏康, 张星. 基于全寿命周期的建设项目界面管理 [J]. 建筑经济, 2006（7）：73-75.

[38] 陈守科. 建设项目组织界面协调机制研究 [J]. 建筑技术, 2006, 37（10）：787-790.

[39] 朱启超, 陈英武, 匡兴华. 复杂项目界面风险管理模型研究 [J]. 科研管理, 2005, 26（6）：149-156.

[40] 宗立达. 大型石化项目设计管理中界面关系管理 [J]. 石油化工设计, 2004, 21（3）：40-43.

[41] 朱广君. 建筑施工企业信息化中的界面管理 [J]. 建筑经济, 2006（7）：36-39.

[42] 管建华, 秦静. 基于多投资主体的大型复杂群体项目界面管理研究 [J]. 城市建设理论研究, 2011（22）：1-4.

[43] 杨旋. 工程建设项目组织界面管理 [J]. 城市建设理论研究, 2012（5）：1-6.

[44] 古贵发. 关于建设工程项目界面管理探讨 [J]. 城市建设理论研究, 2012（8）：1-3.

[45] 田雪莲. BOT 项目界面管理关键影响因素分析 [R]. 哈尔滨：第六届全国防震减灾工程学术研讨会暨第二届海峡两岸地震工程青年学者研讨会, 2012.

[46] 李宜涛. 关于建设单位智能化弱电工程界面管理的思考 [J]. 房地产导刊, 2014 (6): 412.

[47] 田雪莲, 王要武, 宋彧. 工程项目界面管理研究综述与展望 [J]. 科技管理研究, 2014 (7): 203-207.

[48] 戴发. 工程建设项目界面管理 [D]. 天津: 天津大学, 2014.

[49] 施晓龙. 安装配合土建工程施工界面的技术管理 [J]. 城市建设理论研究, 2014 (9): 1-5.

[50] 胡欣, 王建廷, 王宇飞, 等. PPP 项目界面管理关键影响因素研究 [J]. 科技进步与对策, 2016, 33 (16): 73-76.

[51] 王辉, 赵文忠. 大型基础设施建设项目风险界面管理整合模式探讨 [J]. 石家庄铁道大学学报 (社会科学版), 2016, 10 (1): 1-5.

[52] 孙宝来. EPC 项目投标阶段与实施阶段界面管理 [J]. 水电站设计, 2016, 32 (2): 24-26.

[53] 赵雪琴. 浅谈安装与土建施工界面管理 [J]. 城市建设理论研究 (电子版), 2016 (16): 2.

[54] 谢群霞, 赵珊珊, 刘俊颖. 国际工程 EPC 项目设计工作界面风险管理 [J]. 国际经济合作, 2016 (7): 44-48.

[55] 李刚, 程国平. 基于界面管理的虚拟企业协调机制研究 [J]. 科技进步与对策, 2006 (7): 141-143.

[56] 卢方卫, 王惠娟. 界面管理在人力资源开发中的应用 [J]. 人才资源开发, 2006 (5): 22-23.

[57] 徐娟, 刘志学. 基于界面管理的物流外包风险识别 [J]. 物流技术, 2007, 26 (3): 14-17.

[58] 伍海泉, 黄维, 李淑英. 基于界面管理视角的湖南科技成果转化机制研究 [J]. 长沙理工大学学报 (社会科学版), 2008, 23 (1): 116-120.

[59] 翟家英. 企业供应商与客户管理系统的界面管理应用分析 [J]. 教育教学论坛, 2013 (29): 11-12.

[60] 何晗芝, 贺洁, 魏嘉, 等. 界面管理在大型建设项目 EPC 总承包方设计管理中的应用 [J]. 施工技术, 2017, 46 (12): 138-142.

[61] 马之东. 界面管理理论在市政工程项目管理中的应用 [J]. 安徽建筑, 2018, 24 (3): 346-347.

[62] 定静. 界面管理在大型复杂设计总承包项目中的应用: 以某国际副食品采购中心设计总承包项目为例 [J]. 项目管理技术, 2019, 17 (4): 77-83.

[63] 孔维林, 徐友全. 医院建设项目设计界面管理: 以 LY 医院为例 [J]. 工程管理学报, 2019, 33 (4): 76-81.

[64] 毛薇, 王西. 企业界面管理的类型要素及创新管理方向 [J]. 现代企业, 2020 (1): 17-18.

[65] 温冉, 佘立中. 大型工程项目中代建方的组织界面管理 [J]. 广州大学学报, 2009, 8 (3): 80-94.

[66] 范红伟. 信息不对称下的建设项目组织界面管理 [J]. 重庆科技学院学报, 2010 (1): 100-105.

[67] 杨亚频, 王盂均. 伙伴关系模式下项目组织界面管理研究 [J]. 工程管理学报, 2010, 24 (5): 540-544.

[68] 李俊辉. 业主方建设项目施工阶段组织界面管理研究 [D]. 青岛: 青岛理工大学, 2012.

[69] 王春青, 贾小漫, 段倩倩. 重大科技项目组织界面协同管理研究 [J]. 科技和产业, 2013, 13 (3): 1-4.

[70] 路佩. 水利 BOT 项目组织界面管理有效性评价指标研究 [J]. 项目管理技术, 2013, 11 (11): 102-104.

[71] 杨艳平. 基于协同创新的组织界面管理研究 [J]. 科技和产业, 2013, 13 (9): 113-116.

[72] 段昊智. 建设项目组织界面和谐管理研究: 基于组织界面矛盾的分析 [J]. 项目管理技术, 2015, 13 (4): 40-43.

[73] 刘博, 鲍莉荣. 大型建设项目业主方组织界面整合能力体系构建

研究 [J]. 项目管理技术, 2015, 13 (3): 45-48.

[74] SZENTES H, ERIKSSON P E. Paradoxical organizational tensions between control and flexibility when managing large infrastructure projects [J]. Journal of Construction Engineering and Management, 2015, 142 (4): 1-17.

[75] 段昊智. 建设项目组织界面和谐管理研究: 基于组织界面矛盾的分析 [J]. 项目管理技术, 2015, 13 (4): 40-43.

[76] 李俊辉, 郭海滨. 基于 F-AHP 的建设项目组织界面管理评价 [J]. 土木工程与管理学报, 2012, 29 (1): 102-107.

[77] 阚洪生, 乐云, 陆云波. 建设工程领域组织冲突研究评述 [J]. 工程管理学报, 2013, 27 (4): 107-111.

[78] 刘德舟, 侯光明, 郭晓音. 重大科技工程组织界面整合管理研究 [J]. 科技与经济, 2014, 27 (3): 6-10.

[79] 张亚红. 基于知识管理的建设工程项目组织界面研究 [D]. 长沙: 中南大学, 2014.

[80] 刘娜, 张建平. 对大型建设工程项目界面管理的几点认识 [J]. 监理与管理, 2008 (107): 104-108.

[81] 温冉, 佘立中. 大型工程项目中代建方的组织界面管理 [J]. 广州大学学报: 自然科学版, 2009, 8 (3): 90-94.

[82] 吴绍波, 强海涛. 基于知识流动的知识链组织之间创新界面管理研究 [J]. 情报杂志, 2011, 29 (11): 150-153.

[83] 范红伟. 信息不对称下的建设项目组织界面管理 [J]. 重庆科技学院学报, 2010 (1): 100-105.

[84] 郑慧政. 基于动态联盟的工程总承包项目界面管理研究 [D]. 长沙: 中南大学, 2011.

[85] Shokri S, Ahn S, Czerniawski T, et al. Current state of interface management in mega-construction projects [J]. Construction Research Congress, 2014 (5): 2266-2275.

[86] 黄辉, 梁工谦, 隋海燕. 基于 ANP 模型的供应链界面管理能力

评价研究［J］．科学学与科学技术管理，2007（8）：27-29.

［87］官建成，张华胜．界面管理水平评价的灰色聚类方法与应用［J］．北京航空航天大学学报，2000，26（4）：465-469.

［88］党兴华，王建阳．企业合作技术创新界面管理有效性评价研究［J］．科技管理研究，2006（9）：212-215.

［89］杜跃平，梁艳红．企业创新中R&D-Marketing界面管理绩效评价［J］．现代管理科学，2007（11）：3-5.

［90］尤建新，朱岩梅．设计—制造链的界面管理及效果评价［J］．上海管理科学，2007（1）：37-39.

［91］KLAKEGG O J, WILLIAMS T, MAGNUSSEN O M, et al. Governance frameworks for public project development and estimation［J］．Project Management Journal, 2008, 39（S1）：S27-S42.

［92］FEI T, DA-WEI W. Study on the establishment of integration platforms of clients' organizing interface in large-scale construction projects［C］．Management and Service Science. MASS'09. International Conference on. IEEE, 2009：1-4.

［93］VOORDIJK H. Construction management research at the interface of design and explanatory science［J］．Engineering, Construction and Architectural Management, 2011, 18（4）：334-342.

［94］JIANG Y, KONG D. Research of collaborative management of organization interface of large-scale engineering project［C］//Information Technology and Applications（ITA），2013 International Conference on. IEEE, 2013：450-453.

［95］TURKULAINEN V, RUUSKA I, BRADY T, et al. Managing project-to-project and project-to-organization interfaces in programs：organizational integration in a global operations expansion program［J］．International Journal of Project Management, 2015（33）：816-827.

［96］CHUA D K, GODINOT M. Use of a WBS matrix to improve interface management in projects [J]. Journal of Construction Engineering and Management, 2006, 132 (1): 67-79

[97] SIAO F C, LIN Y C. Enhancing construction interface management using multilevel interface matrix approach [J]. Journal of Civil Engineering and Management, 2012, 18 (1): 133-144.

[98] 周春芳, 汪文雄, 杨钢桥, 等. 公私合作模式下农地整治项目组织界面管理研究 [J]. 湖北农业科学, 2012, 51 (5): 1008-1013.

[99] LIN Y C. Use of BIM approach to enhance construction interface management: a case study [J]. Journal of Civil Engineering and Management, 2015, 21 (2): 201-217.

[100] HUANG R Y, HUANG C T, LIN H, et al. Factor analysis of interface problems among construction parties: a case study of MRT [J]. Journal of Marine Science and Technology, 2008, 16 (1): 52-63.

[101] SHOKRI S, AHN S, CZERNIAWSKI T, et al. Current state of interface management in mega-construction projects [C] //Construction Research Congress 2014@ s Construction in a Global Network. ASCE, 2266-2275.

[102] WESHAH N, EL-GHANDOUR W, FALLS L C, et al. Enhancing project performance by developing multiple regression analysis and risk analysis models for interface [J]. Canadian Journal of Civil Engineering, 2014, 41 (11): 929-944.

[103] 党兴华, 王建阳. 企业合作技术创新界面管理有效性评价研究 [J]. 科技管理研究, 2006 (9): 212-215.

[104] 刘新梅, 徐丰伟, 张永胜. 企业创新界面有效性状态的评价方法研究 [J]. 科研管理, 2007, 28 (5): 31-35.

[105] 黄辉, 梁工谦, 隋海燕. 基于 ANP 模型的供应链界面管理能力评价研究 [J]. 科学学和科学技术管理, 2007 (8): 27-29.

[106] 孙卫, 崔范明, 张薇. 知识联盟界面有效性评价研究 [J]. 科学管理研究, 2006, 24 (2): 60-63.

［107］徐丰伟. 企业创新界面有效性对企业绩效影响的实证研究［J］. 科技进步与对策，2012，29（5）：88-91.

［108］刘玉柱. 高等级公路建设项目的界面管理探讨［J］. 山西交通科技，1998（1）：1-4.

［109］李建新，曹霞. 浅论项目管理中的组织界面管理［J］. 技术经济与管理研究，2003（3）：19-21.

［110］程兰燕，丁烈云. 大型建设工程项目合同界面管理［J］. 建筑经济，2004（1）：59-61.

［111］阎长俊，李雪莹. 工程承包模式的界面分析与管理：提高项目价值的有效途径［J］. 建筑经济，2005（8）：49-53.

［112］郑磊. 房地产开发项目的界面管理［J］. 开发与建设，2006（1）：72-75.

［113］苏康，张星. 基于全寿命周期的建设项目界面管理［J］. 建筑经济，2006（专刊）：73-75.

［114］李蒙. 建设工程的接口管理［J］. 基建优化，2006，27（5）：32-34.

［115］朱广君. 建筑施工企业信息化中的界面管理［J］. 建筑经济，2006（7）：36-39.

［116］刘红梅，张星. 从业主角度谈大型项目合同界面管理［J］. 基建优化，2007，28（1）：22-24.

［117］周红波，马建强. 轨道交通项目建设界面管理研究和应用［J］. 建筑经济，2008（9）：86-88.

［118］许慧璇. 项目群中单项工程间的界面管理与协调［J］. 中国集体经济，2008（3）：60-61.

［119］戴发. 工程建设项目界面管理［D］. 天津：天津大学，2014.

［120］袁欣，吕彦明，黄秋霞，等. 基于业主方的建筑工程与水暖安装工程界面管理研究［J］. 建筑设计管理，2016，33（6）：85-87.

［121］王友国，王秀代. 基于熵法与灰色理论的大型工程项目组织界

面管理评价 [J]. 建筑技术, 2018, 49 (2): 213-216.

[122] 时艳. 大型建设工程项目合同界面管理研究 [J]. 建材与装饰, 2019 (16): 182-183.

[123] RAES A M L, HEIJLTJES M G, GLUNK U, et al. The interface of the top management team and middle managers: a process model [J]. Academy of Management Review, 2011, 36 (1): 102-126.

[124] MITCHELL A, FRAME I, CODAY A, et al. A Conceptual framework of the interface between the design and construction processes [J]. Engineering, Construction and Architectural Management, 2011, 18 (3): 297-311.

[125] SHOKRI S, SAFA M, HAAS C T, et al. Interface management model for mega capital projects [C]. Proc. of the 2012 Construction Research Congress, Purdue University, IN, United States, 2012: 447-456.

[126] LIN Y C. Deiveloping construction network-based interface management system [C]. Building a Sustainable Future-Proceedings of the 2009 Construction Research Congress, 2009.

[127] LIN Y C. Construction network-based interface management system [J]. Automation in Construction, 2013 (30): 228-241.

[128] YILIN Y, YANHU L. Study on the integrated model of interfaces of hub project based on two dimensional frame [C]. Management and Service Science, International Conference on IEEE, 2009: 1-7.

[129] JU QQ, DING L Y. A web-based system for interface management of metro equipment engineering [J]. Journal of Intelligent & Robotic Systems, 2015, 79 (3): 577-590.

[130] CHEN Q, REICHARD G, BELIVEAU Y. Object model framework for interface modeling and IT-oriented interface management [J]. Journal of Construction Engineering and Management, 2009, 136 (2): 187-198.

[131] 官建成, 张华胜, 高柏杨. R&D—市场营销界面管理的实证研究 [J]. 中国管理科学, 1999, 7 (2): 8-16.

[132] 官建成, 罗艳. 北京地区 R&D—市场营销界面管理的实证比较研究 [J]. 管理工程学报, 2000, 14 (增刊): 55-60.

[133] 赵玉林, 单元媛, 谭弟庆. 企业界面管理的组织结构 [J]. 武汉工业大学学报, 2000, 22 (4): 100-102.

[134] 赵青松. IT 企业管理的新手段: R&D—市场营销界面管理 [J]. 软件工程, 2001 (4): 51-53.

[135] 杨德林, 张庆锋. 钢铁企业技术创新过程中 R&D—生产制造界面管理研究 [J]. 中国科技论坛, 2003 (5): 56-60.

[136] 卫武, 田志龙, 李彦. 基于 R&D—市场营销界面管理的流程再造 [J]. 管理科学, 2003, 16 (5): 59-63.

[137] 欧光军, 欧阳明德. 面向产品创新的界面管理集成 [J]. 科技进步与对策, 2005 (5): 54-56.

[138] 夏亚民, 翟运开. 高新区自主创新系统及其界面管理研究 [J]. 消费导刊, 2006 (11): 291-292.

[139] 操龙灿, 江英. 基于自主创新的大企业研发组织气体构建与界面管理 [J]. 合肥工业大学学报 (社会科学版), 2007, 21 (1): 97-101.

[140] 龚艳萍. 动态环境下企业 R&D-Marketing 界面管理柔性化研究 [J]. 科研管理, 2007, 28 (3): 92-97.

[141] 许慧敏, 谭明, 王燕. 联盟企业间 R&D—市场营销界面管理研究 [J]. 科技进步与对策, 2007, 24 (4): 121-123.

[142] 惠新. 刍议技术创新与营销界面管理 [J]. 商业时代, 2008, (20): 47-48.

[143] 李超杰. 面向不连续创新的 R&D—营销界面管理研究 [D]. 兰州: 兰州大学, 2010.

[144] 陈琪, 张永胜. 产品创新市场导向与 R&D—市场营销界面管理关系实证研究 [J]. 科研管理, 2013, 34 (1): 79-84, 93.

[145] 王彩丽, 罗鄂湘. 内部界面管理对企业创新成果产业化的影响研究 [J]. 中国商贸, 2014 (29): 38-41.

[146] 郭贵林, 许允琪. 新产品开发项目中 R&D—营销界面整合实证研究: 以我国部分 IT 企业为例 [J]. 科学学研究, 2008, 26 (10): 136-144.

[147] 杨慧, 宋华明, 刘小斌. 全过程界面管理视阈下新兴产业发展政策研究 [J]. 科学学研究, 2011, 29 (5): 684-691.

[148] 徐丰伟. 企业创新界面有效性研究综述 [J]. 科技管理研究, 2012, 32 (12): 200-203.

[149] 吴绍波, 强海涛. 基于知识流动的知识链组织之间创新界面管理研究 [J]. 情报杂志, 2010, 29 (11): 150-153.

[150] 刘小斌, 宋华明, 杨慧, 等. 新兴产业发展中政府对 R&D 活动的界面管理功能研究: 基于发达国家的政策经验 [J]. 科学学与科学技术管理, 2011, 32 (10): 35-41.

[151] 段万春, 许成磊, 魏忠. 创新团队管理和谐度及其关键客体界面识别 [J]. 科技进步与对策, 2014 (12): 1-6.

[152] 任荣. 企业合作创新与组织层次的融合: 基于界面管理的思考 [J]. 经济管理, 2010 (10): 180-186

[153] 王春青, 贾小漫, 段倩倩. 重大科技项目组织界面协同管理研究 [J]. 科技和产业, 2013, 13 (3): 1-4.

[154] 许成磊, 段万春, 谢晖, 等. 基于界面管理的创新团队和谐管理实现机制研究 [J]. 科技进步与对策, 2013, 30 (17): 25-28.

[155] 曹英. 供应链界面管理的战略研究 [J]. 现代企业, 2003, (4): 25-26.

[156] 贾平. 供应链上结点企业的界面管理分析 [J]. 学术交流, 2008 (4): 68-72.

[157] 杜漪, 杨晶晶. 供应链网络组织的界面管理研究 [J]. 软科学, 2008, 22 (6): 63-67.

[158] 刘小群, 马士华. 供应链战略性物流外包中的界面管理研究 [J]. 工业工程与管理, 2005 (6): 83-88.

［159］赵阳，杨贺. 煤炭供应链界面关系分析［J］. 商业时代，2010 (31)：23，25.

［160］吉亮. 面向战略的供应链界面管理问题研究［J］. 财经界（学术版），2017 (7)：57-58.

［161］杨晶晶. 供应链网络组织的界面管理研究［D］. 兰州：兰州大学，2008.

［162］陈永平，蒋宁. 大数据时代供应链信息聚合价值及其价值创造能力形成机理［J］. 情报理论与实践，2005，38 (7)：80-85.

［163］肖静华，汪鸿昌，谢康，等. 信息共享视角下供应链信息系统价值创造机制［J］. 系统工程理论与实践，2014，34 (11)：2862-2871.

［164］GLIGOR D M, HOLCOMB M C, FEIZABADI J. An exploration of the strategic antecedents of firm supply chain agility：the role of a finn's orientations［J］. International Journal of Production Economics，2016 (179)：24-34.

［165］HOOF BV, THIELL M. Collaboration capacity for sustainable supply chain management：small and medium-sized enterprises in Mexico［J］. Journal of Cleaner Production，2014，67 (67)：239-248.

［166］LIAO SH, KUO F I, DING L W. Assessing ITie intluence of supply chain collaboration value innovation, supply chain capability and competitive advantage in taiwan's networking cummuncation industry［J］. Internaational Journal of Production Econmics，2017 (191)：143-153.

［167］YUW, JACOBS M A, SALISBURY W D, et al. The effects of supply chain integration on customer satisfaction and financial performance：an organizational learning perspective［J］. International Journal of Production Economics，2013，146 (1)：346-358.

［168］ESPER TL, ELLINGER A E, STANK T P, et al. Demand and supply integration：a Conceptual framework of value creation through knowledge management［J］. Journal of the Academy of Marketing Science，2010，38

（1）：5-18.

［169］SAMUEL KE, GOURY M L, GUNASEKARAN A, et al. Knowledge management in supply chain: an empirical study from france ［J］. Journal of Strategic Information Systems, 2011, 20（3）：283-306.

［170］OJHA D, SHOCKLEY J, ACHARYA C. Supply chain organizational infrastructure for promoting entrepreneurial emphasis and innovativeness: the role of trust and leaming ［J］. International Journal of Production Economics, 2016（179）：212-227.

［171］贺锋，宋华，刘林艳. 信任和学习对供应链竞争力的影响：基于中国汽摩配件产业的实证研究 ［J］. 经济管理，2010，32（7）：134-140.

［172］BERGESEN J D, SUH S. A framework for technological learning in the supply chain: a case study on CdTe photovoitaics ［J］. Applied Energy, 2016, 169：721-728.

［173］SINGHA, TENG JF T C. Enhancing supply chain outcomes through information technology and tmst ［J］. Computers in Human Behavior, 2016, 54（C）：290-300.

［174］徐可，何桢，王瑞. 供应链关系质量与企业创新价值链：知识螺旋和供应链整合的作用 ［J］. 南开管理评论，2015，18（1）：108-117.

［175］张旭梅，陈伟. 供应链企业间信任、关系承诺与合作绩效：基于知识交易视角的实证研究 ［J］. 科学学研究，2011，29（12）：1865-1874.

［176］陆杉. 供应链关系资本及其对供应链协同影响的实证研究 ［J］. 软科学，2012，26（9）：39-43.

［177］BACHMANN R, INKPEN A. Understanding institutional-based trust building processes in inter-organizational relationships ［J］. Organization Studies, 2016, 32（32）：281-301.

［178］BSTIELER L, HEMMERT M, BARCZAK G. The changinng bases

of mutual trust formation in inter-organizational relationships: a dyadic study of university-industry research collaborations [J]. Journal of Business Research, 2017 (74): 47-54.

[179] 聂柯渐. 界面管理理论研究 [D]. 福州: 福州大学, 2006.

[180] 苗东升. 系统科学大学讲稿 [M]. 北京: 中国人民大学出版社, 2007: 14-56.

[181] 顾家明, 翟栋梁, 汪霄. 基于 ISM 模型的 IPD 模式下钢结构总承包工程界面管理 [J]. 土木工程与管理学报, 2020, 37 (4): 123-130.

[182] 蔡纯杰. 界面基本理论与界面管理组织结构设计研究 [D]. 福州: 福州大学, 2005: 15-22.

[183] 冯军. 论技术负效应在社会个体中的表现 [J]. 辽宁教育行政学院学报, 2008, 25 (5): 12-14.

[184] 成虎. 工程项目管理 [M]. 北京: 高等教育出版社, 2004: 134-135.

[185] 刘红梅, 张星. 从业主角度谈大型项目合同界面管理 [J]. 基建优化, 2007, 28 (1): 22-24.

[186] 迟长春, 李奎, 丘大为. 基于故障树分析法的建筑设备可靠性分析 [J]. 低压电器, 2007, (18): 5-7.

[187] 韩小涛, 尹项根, 张哲. 故障树分析法在变电站通信系统可靠性分析中的应用 [J]. 电网技术, 2004, 28 (1) 56-59.

[188] 王卓甫, 谈飞, 张云宁, 等. 工程项目管理: 理论、方法与应用 [M]. 北京: 中国水利水电出版社, 2007: 100.

[189] 简德三. 投资项目评估 [M]. 上海: 上海财经大学出版社, 1999: 23-24.

[190] 赵建, 袁星, 等. 委托代理模型下国有煤矿经理激励机制设计 [J]. 能源技术与管理, 2008, (1): 116-118.

[191] 谢颖, 黄文杰. 代建制中委托代理的激励、监督与合谋防范 [J]. 数学的实践与认识, 2008, 38 (1): 40-45.

[192] 刘银国. 基于委托—代理理论的国有企业经营者激励机制研究 [J]. 经济问题探索, 2007 (1): 155-160.

[193] 李霞, 严广乐, 等. 基于委托—代理理论的企业经营者激励研究 [J]. 上海理工大学学报, 2006, 28 (5): 423-426.

[194] 刘英, 刘海迅, 孟令红. 新标准对勘察设计取费的影响 [J]. 中国民用航空, 2003 (6): 49-51.

[195] 张焕杰, 余晓钟, 何小川. 业主与监理方合谋的项目三方博弈分析 [J]. 山西建筑, 2008, 34 (7): 23-24.

[196] 槐先锋, 王晓蕾. 建筑工程项目业主与监理的信息不对称分析 [J]. 建筑管理现代化, 2004 (5): 45-47.

[197] 张协奎, 付月. 房地产宏观调控现状及其博弈机制分析 [J]. 广西城镇建设, 2008 (1): 42-46.

[198] 张光辉. 从动态博弈建立水利建设项目的管理激励与约束机制 [J]. 黑龙江水利科技, 2008, 36 (2): 100-101.

[199] 常路彪, 张云波, 章凌云. 工程招投标中业主与承包商的动态博弈分析 [J]. 建筑经济, 2008 (6): 104-106.

[200] 姜晖, 王浣尘. 基于不完全信息动态博弈模型的报价策略研究 [J]. 上海管理科学, 2008 (1): 27-30.

[201] 陈青兰, 丁荣贵, 莫长炜. 基于动态博弈模型的企业与供应商项目关系管理 [J]. 软科学, 2008, 22 (2): 74-78.

[202] 丰景春, 周阳. 基于成本效益分析的水利信息化推进博弈模型 [J]. 水利经济, 2008, 26 (1): 26-28.

[203] 许允琪. IT企业新产品开发项目中R&D-营销界面整合机制适用研究 [D]. 杭州: 浙江大学, 2007: 7.

[204] 白静. 主题公园建设过程能力成熟度模型及建筑学关键域研究 [D]. 成都: 西南交通大学, 2001: 15.

[205] 曾晖, 韩经纶. 提高员工敬业度 [J]. 企业管理, 2005 (9): 99-101.

［206］孟宪海. 项目管理成熟度模型：工程项目过程评价体系［J］.建筑经济，2006（12）：55-58.

［207］李娟. 城市土地市场发育及其对房地产市场的影响研究：以南京为例［D］.南京：南京农业大学，2007：25-26.

［208］FILATOTCHEV I，WRIGHT M，UHLENBRUCK K，et al. Governance，organizational capabilities，and restructuring in transition economies［J］. Journal of World Business，2003（38）：331-347.

［209］马陆亭. 关于能力的定义［J］. 高等工程教育研究，1990（4）：78.

［210］迟长春，李奎，丘大为. 基于故障树分析法的建筑设备可靠性分析［J］. 低压电器，2007（18）：5-7.

［211］韩小涛，尹项根，张哲. 故障树分析法在变电站通信系统可靠性分析中的应用［J］. 电网技术，2004，28（1）56-59.

［212］王卓甫，谈飞，张云宁，等. 工程项目管理：理论、方法与应用［M］. 北京：中国水利水电出版社，2007：100.

［213］邱均平，谭春辉，任全娥. 我国人文社会科学评价机制的研究现状与三维框架［J］. 科技进步与对策，2008，25（2）：138-141.

［214］陈军飞，吴铭峰. 主成分分析在城市复合系统发展评价中的应用［J］. 软科学，2006，20（1）：9-11.

［215］侯文. 对应用主成分分析法进行综合评价的探讨［J］. 数理统计与管理，2006，25（2）：211-214.

［216］田波平，王勇，郭文明，等. 主成分分析在中国上市公司综合评价中的作用［J］. 数学的实践与认识，2004，34（4）：74-80.

［217］林海明，刘乐强. 主成分分析法在企业经济效益综合评价中的有效应用［J］. 数学的实践与认识，2005，35（4）：65-68.

［218］陈雷，王延章. 基于熵权系数与TOPSIS集成评价决策方法的研究［J］. 控制与决策，2003，18（4）：456-459.

［219］方世建，华武，陈刚. 安徽工业经济效益Topsis法分析研究

［J］. 预测，2003（3）：77-80.

［220］王光映. 企业绩效评估方法综述［J］. 科技与产业，2005，5（1）：43-45.

［221］李学全. 灰色关联度模型的进一步研究［J］. 系统工程，1995，13（6）：58-61.

［222］李炳军，刘思峰. 基于多行为特征序列的江苏省科技系统灰色关联分析［J］. 统计与决策，2005（9）：54-55.

［223］陈景云，胡建军. 烟叶化学成分—品质综合评价物元模型的建立与应用［J］. 烟草科技，2003（10）：31-34.

［224］王志军，汪亚超，宋宜猛. 物元模型在大坝安全度评价中的应用［J］. 水电自动化与大坝监测，2008，32（1）：75-77.

［225］韩宇平，阮本清，解建仓，等. 物元模型及其在区域水资源综合评判中的应用［J］. 中国农业大学学报，2003，8（1）：31-36.

［226］张丽霞，施国庆. 江苏省城市化物元模型综合评价［J］. 华侨大学学报（自然科学版），2005，25（2）：210-214.

［227］张丽霞，施国庆，丰景春. 基于物元模型的索赔决策研究［J］. 河海大学学报（自然科学版），2006，34（1）：108-111.

［228］圣吉. 第五项修炼［M］. 郭进隆，译：上海：上海人民出版社，1990：500.

［229］益永钢. 即时交流，互动分享：论网络视频互动教学的应用研究［J］. 中国电化教育，2006（10）：49-52.

［230］胡庆夕，俞涛，方明伦. 并行工程原理与应用［M］. 上海：上海大学出版社，2001：1-8.

［231］JO H H, PARSAEI H R, SULLIVAN W G. Concurrent engineering contemporary issues and modern design tools［M］. Chapman & Hall, 1993：4-23.

［232］胡振华，刘宇敏. 非正式交流是技术创新扩散的主渠道［J］. 湖南商学院学报，2002，9（4）：11-12.

［233］LBRAHIM S，FALLAH M H. Drivers of innovation and influence of technological clusters ［J］. Engineering Management Journal，2005，17（3）：33.

［234］喻小军，蒙庆. 企业集群内部非正式交流与创新剖析［J］. 经济师，2005（7）：142.

［235］程德理. 非正式交流机制与产业集群创新能力［J］. 中国矿业大学学报（社会科学版），2007（3）：52-55.

［236］李博. 基于流程再造的业主方项目组织结构及运作关系研究［D］. 长沙：中南大学，2005：52.

［237］黄善和，苏奕绿. 广东省飞来峡水利枢纽工程建设管理［EB/OL］.（2007-08-15）. http:// info.tgnet.cn /Detail/200708151563226373_1.

［238］王润钿，刘达，邱静，等. 北江飞来峡水利枢纽上下游河道演变与原因分析［J］. 中国水利，2022（23）：60，73-75.

［239］余伟桥，庞瑞生. 北江飞来峡水利枢纽工程简介［J］. 水利水电施工，1994（3）：42-43.